U0014772

圖解黑魔法
Black Magic

奇幻基地

魔法可以行善，也可以爲惡。使用魔法爲人治病、驅除惡靈，是善的使用；相反的，使用魔法使人致病、招致惡靈，便是惡的使用，魔法的善惡之分便是從此衍生而來。後來人們才將善的魔法稱爲白魔法，惡的魔法則稱爲黑魔法。

無論白魔法或黑魔法同樣都是魔法，特意做這種區分其實是很可笑的。以科學技術來比喻，雖然科技可以行善也可以爲惡，卻沒人將科技分成善惡兩種，因爲科學技術本身並無善惡之分，端看使用者而定。

照道理說魔法也應該如此。這是否表示魔法本身並無善惡之分，而取決於使用魔法的魔法師呢？事實上的確是這樣沒錯。魔法雖有白魔法與黑魔法兩種，但這兩者間卻無法劃出嚴密的界線區分。魔法就是魔法，無論黑白，原理其實都是相同的。

既然如此，那爲何還有白魔法與黑魔法之分呢？之所以會這樣區分，可以說是因爲白魔法與黑魔法兩種魔法的氛圍不同所致。有別於科技，魔法很容易受到人類的主觀意識影響，因此當人們行使邪惡的黑魔法時，其儀式或做法等都容易讓人感覺相當恐怖駭人，結果便導致白魔法與黑魔法看起來像是兩種迥異的魔法。

本書便是在這樣的定義下，蒐羅並解說諸多使用於邪惡目的、充滿邪惡氛圍的黑魔法。書中介紹的黑魔法有許多都是過去實際存在過的魔法，無一不是爲達其邪惡目的而行使的，至於千萬不可模仿效尤之類的叮嚀，相信已不須筆者贅言。

　　　　　　　　　　　　　　　　　　　草野　巧

目 次

目 次

*本書注釋皆列於P.217-P.220頁，敬請
　讀者翻閱參照。

第1章

黑魔法的基礎

何謂黑魔法？

黑魔法早自太古時代便因為人們有排除厭惡對象與競爭對手的需求而存在，而且無論怎麼禁止都未曾斷絕過。

●全世界從太古時代實行至今的邪惡魔法

所謂的黑魔法，就是邪惡的魔法，是為實現利己願望、掀起惡劣天候妨礙眾人、盜取他人財產、傷害仇敵身體等目的而行使的魔法。召喚邪惡的惡魔、惡靈、死靈等也是黑魔法，而執行活人獻祭、動物活祭等殘酷儀式的魔法，都可以算是黑魔法。

或許有人會想既然黑魔法如此邪惡，只要禁止不就得了嗎？但事實上無論怎麼禁止，黑魔法都從未消失。就如同世間的犯罪從未根絕，黑魔法也是早從太古時代至今都未曾有過片刻消停。

因為無論是處於何等未經開化的社會，群體生活總難免會遇到不投機的人。在這種情況下，人類從很久以前便已學會使用黑魔法來試圖折磨傷害自己討厭的對象。也有人為了娶美女為妻，不惜利用黑魔法詛咒她的丈夫。當時甚至還相信毫無來由的頭痛或是摔倒受傷，也是因為遭不明人物以黑魔法詛咒所導致。

隨著社會發展，進入當權者開始相互攻訐、展開激烈權力鬥爭的時代，黑魔法也變得愈發盛行，甚至經常會召集多達數十名的魔法師舉行恐怖的黑魔法儀式咒殺敵對勢力大將。說到宮廷中眾嬪妃間的爭寵，黑魔法更可謂是唯一的鬥爭手段，因為女性無力從事武力鬥爭，除黑魔法以外別無其他選擇。

最糟糕的是，絕大多數的魔法師即便在使用黑魔法後仍然不認為自己是黑魔法師。魔法師往往都會認為自己是正義的白魔法師，而對方才是邪惡的黑魔法師。

何謂黑魔法？

何謂黑魔法？ ➡ 從古至今遍行於全世界的邪惡魔法。

實現利己願望

盜取他人財產

傷害討厭的對象

興起惡劣天候妨礙眾人

召喚邪惡的惡魔、惡靈、死靈

執行活祭等殘酷儀式

行使猥褻異性的行為

何時會需要黑魔法？

自古以來，在社會中生活的不同情況下，黑魔法一直都是必要的存在。

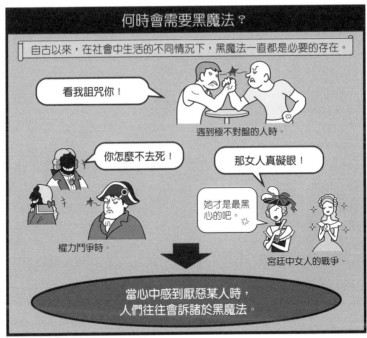

看我詛咒你！

遇到極不對盤的人時。

你怎麼不去死！

權力鬥爭時。

那女人真礙眼！

她才是最黑心的吧。

宮廷中女人的戰爭。

當心中感到厭惡某人時，
人們往往會訴諸於黑魔法。

黑魔法的基本法則

自太古時代以來，魔法便一直是以「類似法則」與「感染法則」為基礎法則，兩者合稱為「共感法則」。

●僅由兩個基本法則構成的黑魔法

不論黑魔法或白魔法，魔法的基本法則從太古時代至今沒有任何改變。所謂的基本法則，就是「類似法則」與「感染法則」，兩者又合稱為「共感法則」。魔法可以分成建立在類似法則之上的魔法，以及立基於感染法則的魔法兩種，前者為「類感魔法（類感咒術）」，後者則為「感染魔法（感染咒術）」；這二者又都是根據共感法則而成立的，因此亦稱為「共感魔法（共感咒術）」。

這些用語始見於**詹姆斯．弗雷澤**於20世紀初研究未開化社會的著作《金枝》。本書經常會提到這本書，因此先介紹給各位讀者認識。

類似法則與感染法則的意涵大致如下：

第一法則類似法則主要是說，類似的事物將會衍生出類似的事物。舉例來說，A跟B是兩種類似的東西，那麼當魔法師對B做出某種行為的時候，在A上面也會發生相同的效果。或是當魔法師讓B做出某種動作時，A也會跟著做出同樣動作。這類魔法中最具代表性的，非人偶黑魔法莫屬；製作人偶模擬施術對象，再用針刺來折磨對方的黑魔法，想必是無人不知無人不曉。

第二法則感染法則則是說，某個整體的一部分或是曾經有過接觸的物體，即便在兩相分離後，對其中一方施以某種行為，另一方也會出現完全相同的效果。在黑魔法的世界裡，之所以會將牙齒、毛髮、指甲等曾是人類身體一部分的事物視為詛咒仇敵的重要咒物，便是由此而來。

黑魔法的基本法則

魔法只有兩個基本法則：類似法則與感染法則。

```
        黑魔法的基本法則
        ┌──────┴──────┐
   類似法則          感染法則
   類感魔法          感染魔法
        └──────┬──────┘
  兩個法則相加    共感法則
                共感魔法
```

| 類似法則 | ➡ | 類似的事物會衍生出類似的事物。 |

好疼！

模擬對方製成人偶、在胸口打釘

對方胸口感到疼痛。

| 感染法則 | ➡ | 以前曾是一體的事物，即便在分離後仍對另一方有影響力。 |

取得敵人的毛髮。

焚燒毛髮。

敵人遭殃。

好疼！

用語解說

●詹姆斯・弗雷澤（James George Frazer）→出身於蘇格蘭的社會民族學家，其作品《金枝》（*The Golden Bough*）獲得極高評價。1907年敘任爵士爵位，1921年就任母校劍橋大學三一學院的教授。

宗教式黑魔法

宗教式黑魔法憑藉的不光只是魔法的基本原理「共感法則」，而是比較重視向神靈祈禱的行為。

●利用足以支配世界的神靈之力來實現黑魔法

建立在「類似法則」之上的「類感魔法（類感咒術）」與立基於「感染法則」的「感染魔法（感染咒術）」，這二者無庸置疑是魔法的兩大原理，但從古至今所有的黑魔法卻並非悉數可透過這兩個原理來得到說明，這是為甚麼呢？

原來是因為後來發生了一種現象：魔法之中漸漸有了宗教摻雜混入。如此一來，就不能光靠這兩大原理來說明魔法。因為宗教認為神靈才是推動這個世界的主角，而宗教式的魔法自然也就比較重視向神靈祈禱的行為。

以使用人偶詛咒他人的魔法為例，這種非宗教式的魔法相信只要模擬憎恨對象製作人偶並寫上名字，再加以針刺或打釘，便能夠加害對方。換句話說，黑魔法師的詛咒會直接影響到對方。

然而宗教式黑魔法卻並非如此。宗教認為世界是由天上眾神靈推動的，所以若魔法師想加害他人，就非得先訴諸天上的神靈不可。換言之，黑魔法師與詛咒對象的關係並非呈直線影響對方，而是要透過神靈，整體呈三角關係。

這種現象無論歐亞皆然。在宗教達到某種程度發展的世界，黑魔法師往往必須訴諸神明、惡魔甚至其他眾靈，藉以實現自身的願望。

詛咒他人的「呪」（日文漢字，意同「咒」）這個字，也體現了這層道理。「呪」的偏旁「兄」字便是一個人朝著天上張口說話的象形，也就是象徵他正在對著天上的神靈說話。

宗教時代的魔法原理

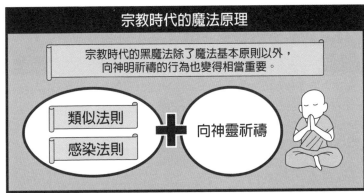

宗教時代的黑魔法除了魔法基本原則以外，
向神明祈禱的行為也變得相當重要。

類似法則

感染法則

＋

向神靈祈禱

宗教出現前的魔法與宗教式魔法

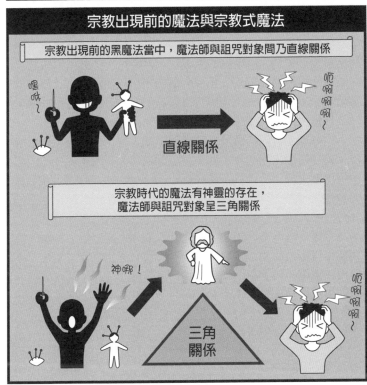

宗教出現前的黑魔法當中，魔法師與詛咒對象間乃直線關係

嘿咻～

直線關係

呃啊啊啊～

宗教時代的魔法有神靈的存在，
魔法師與詛咒對象呈三角關係

神啊！

三角
關係

呃啊啊啊～

形象黑魔法

形象黑魔法是利用人偶等模擬仇敵的偶像（形象），是所有利用類感魔法原理的黑魔法當中最普遍的一種。

●傷害偶像（形象）以加害他人

早從數千年以前，世界各地便出現以傷害模擬某人物的偶像（形象），藉此對該人物造成同樣的傷害，甚至致死的魔法，直到現在還有許多地區仍盛行這類魔法。形象黑魔法運用所謂「類似衍生類似」的類感魔法原理，是最常見的黑魔法。

例如歐洲的蠟像黑魔法、日本著名的稻草人黑魔法等，這些雖然都是屬於相同系統的黑魔法，但施行作法卻因地而異。

以北美洲的印第安人為例，他們相信只要在沙土、灰塵或黏土等表面描繪目標人物的模樣，再拿尖棒或戳或刺攻擊人像，目標人物就會受到完全相同的攻擊傷害。

同樣在北美洲的**歐及布威族印第安人**則是會使用某種黑魔法：製作目標人物的小木偶，再用針或箭矢刺擊木偶，他們相信這樣便會使目標人物身體的相同部位感到劇烈疼痛；或是詠唱特殊咒語後焚燒木偶，將其埋進土裡，便可讓對方立即猝死。

馬來半島等地的馬來人，他們的形象黑魔法更加複雜：首先要從目標人物身上盜取其身體的一部分，如毛髮、眉毛、指甲或唾液等，再將它拿來跟蜜蜂的舊巢揉在一起，捏成人偶，並把人偶放在火上連續烤七個晚上，接著詠唱以下咒文：「我烤的不是蠟，而是○○（名字）的肝臟、心臟、脾臟。」

據說只要連續烤七個晚上，目標人物就會猝死。

形象黑魔法

形象黑魔法 ➡ ・使用擬人形象（人偶）的黑魔法。
・是全世界最常見的黑魔法。

 歐洲的蠟像和日本的草人屬於同一類。

各種形象黑魔法

形象黑魔法因地區不同而有不同的變化。

北美洲印第安人

在沙土、灰塵或黏土等處描繪敵人模樣，再拿尖棒或戳或刺攻擊人像，使現實中的目標人物受到完全相同的攻擊傷害。

北美洲歐及布威族印第安人

製作目標人物的小木偶，再用針或箭矢刺擊木偶，使現實中敵人身體的相同部位感到劇烈疼痛。

馬來半島的馬來人

取敵人毛髮、眉毛、指甲或唾液跟蜜蜂的舊巢揉成人偶，連續火烤七個晚上，並唱誦固定咒文，對方就會猝死。

用語解說

●歐及布威族印第安人（Ojibwe）→分布於美國北部至加拿大一帶的阿爾袞琴語族印第安人，亦稱齊佩瓦族。

死者黑魔法

所謂的死者黑魔法，就是一種能讓目標人物陷入目不能視、耳不能聽、身不能動，恍如死者般狀態的黑魔法。

●傳染死亡使之失去行動能力的魔法

死者目不能視、耳不能聽、口不能言，也無法動彈。著眼於此，未開化社會的黑魔法相信循著類感魔法的原理，取死者的骨骸燒成骨灰來施法，就能使目標人物彷彿死者般陷入全無視覺、聽覺、言語或行動能力的狀態。

這種魔法遍見於世界各地，而且最受宵小喜愛。在克羅埃西亞東部的斯洛伐尼亞地區，進行夜間偷盜的竊賊經常會借重以下這個魔法：首先準備死人骨骸，在進屋裡前先將骨骸擲到目標建築的屋頂上，唱誦「如果這骨頭也有睜開眼的一天，這戶人家就醒來吧！」後，再進到屋裡。如此一來，這戶人家就不會有人被驚醒。

爪哇則有種從墓場取泥土撒在目標人家周圍的魔法。只要這樣一撒，就能讓那戶人沉睡不醒，夜盜便可自由偷竊。

東斯拉夫的魯塞尼亞人還有一種使用死者大腿骨的魔法：拿這支大腿骨填塞獸油製成蠟燭，點燃後繞行目標房屋三圈，屋裡的人就會如死者般沉睡，連小偷潛入也渾然不覺。

古希臘的宵小則是會從火葬場撿拾還在燃燒冒煙的樹枝，藉以行使魔法。只要帶著樹枝，就算遇到凶猛的惡犬，也能讓惡犬不敢吠叫。

另外，像歐洲著名的「光榮之手」（請參照No.045）也是屬於相同系統的魔法。

死者黑魔法

| 死者黑魔法 | ➡ | 利用死者的骨頭或骨灰，使目標人物如同死者般無法動彈的黑魔法。 |

小偷愛用的死者黑魔法

死者黑魔法能讓睡著的人絕對不會被驚醒，因此廣受全世界宵小喜愛。

克羅埃西亞的小偷

將死者骨骸擲到目標屋頂上，唱誦咒文。

爪哇的小偷

取墓場泥土撒在目標房屋周圍。

東斯拉夫的小偷

取死者大腿骨塞入獸油製成蠟燭，點燃後繞行目標房屋3圈。

古希臘的小偷

從火葬場撿拾仍在燃燒冒煙的樹枝，帶在身上便能讓看門犬乖乖地不作聲

加害者的黑魔法

根據感染魔法的原理，對加害者做出同樣行為也會影響到被害者，並加劇被害者的傷勢。

●讓負傷敵人傷勢加劇的黑魔法

　　根據未開化民族相信的感染魔法原理，只要兩者之間曾有過接觸，即便後來分隔兩地，對甲方做出某個行為，乙方也會受到同樣的影響。若將這個原理套用在加害者與受傷的被害者兩者身上，只要對加害者做出某種行為，就會影響到受害者。

　　這個原理可以直接應用在黑魔法上，使用武器傷人的加害者可以利用這個原理讓被害者的傷勢惡化加劇。舉例來說，加害者如果覺得炙熱難耐、痛苦，或是吃下對身體有不良影響的刺激性食物，除了加害者本身感到不適外，這個感覺還會感染被害者，使被害者傷勢惡化，嚴重者甚至可以致命。

　　傷敵的武器亦可用於相同目的。加害者如果想要進一步折磨敵人，可以將殺傷敵人的武器拿去火烤加熱；若取得刺傷敵人的箭頭，也可以拿箭頭去烤。除此以外，有的會將射傷敵人的弓弦拉得極度緊繃，再撥動弓弦，他們相信這麼做就能夠刺激敵人的傷勢，藉此折磨敵人。

　　這個原理當然也可以應用在白魔法之上，而且可說是全世界共通。如歐洲相信只要在傷敵的武器上塗抹油脂，就可以得到治療傷勢的效果，不論負傷者身在何處，只要在武器上塗油脂就可以治傷。如果是被刺到，也可以將其拔出後在尖刺上面塗油。

　　反之，如果將武器表面塗的油脂抹掉，被害者的傷勢就會再度惡化。

加害者的黑魔法

加害者的黑魔法 對加害者或加害用的武器施加某種行為，則影響力也會及於受害者、使其感到痛苦。

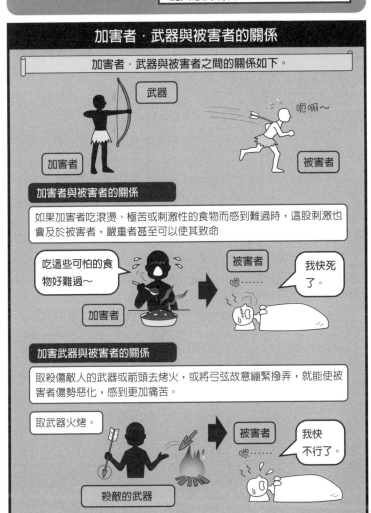

加害者・武器與被害者的關係

加害者・武器與被害者之間的關係如下。

武器

呃啊～

加害者

被害者

加害者與被害者的關係

如果加害者吃滾燙、極苦或刺激性的食物而感到難過時，這股刺激也會及於被害者，嚴重甚至可以使其致命

吃這些可怕的食物好難過～

加害者

被害者

嗯……

我快死了。

加害武器與被害者的關係

取殺傷敵人的武器或箭頭去烤火，或將弓弦故意繃緊撥弄，就能使被害者傷勢惡化，感到更加痛苦。

取武器火烤。

殺敵的武器

被害者

嗯……

我快不行了。

衣服的黑魔法

無論彼此距離有多遠，只要能取得沾染汗水或體味的衣服，便能咒殺穿過這些衣服的人。

●毀壞衣服藉以傷害曾經穿著的人

平時最貼近人們的衣服，容易沾染到汗水或體味，因此在未開化社會的黑魔法當中，占有很重要的地位。

南太平洋萬那杜共和國（赫布里底群島）的塔納島民認爲如果對某人懷恨在心想要一雪仇恨，首先就要取得他的衣服，用樹葉或樹枝摩擦那些衣服，接著用衣服包覆樹葉或樹枝，捲成類似香腸的筒狀後慢慢地燒掉。如此一來，目標人物就會隨著衣服的燃燒而愈來愈痛苦，並且在燃燒殆盡時喪命。

普魯士（德國北部一帶）也有類似的黑魔法，當地相信即便小偷已經逃離無蹤，只要有小偷脫逃時落下的衣服便能將其擒捕到手，因爲他們認爲只要拿棍棒用力敲打小偷留下的衣服，小偷就會生病。

之所以會有這種現象，是因爲人與衣服之間有種特別的咒術共感關係，即便分隔兩地，衣服所受到的危害同樣也會傳達到穿過那衣服的人身上。

不光是身上穿的衣服，坐墊也能拿來施行詛咒。澳洲維多利亞的原住民咒術師光是取別人坐過的袋鼠皮坐墊拿來烤，就能讓坐墊的持有者生病。若要解開這個詛咒，就要由坐墊持有者的家人或朋友前去拜訪咒術師，在獲得咒術師許可的情況下取回被火烤過的坐墊，用水洗掉火氣。

衣服的黑魔法 ➡ 衣服沾有汗水和體味，是黑魔法的重要道具。

世界各地使用衣服的黑魔法

依地區不同
而有各式各樣利用衣服
一掃怨氣的方法

萬那杜共和國塔納島

取樹葉或樹枝摩擦敵人衣服，捲成筒狀後慢慢燒掉，衣服燒光的同時敵人就會死亡。

普魯士

好難過！

敲敲

小偷的衣服　小偷

只要以棍棒用力敲打小偷落下的衣服，小偷就會生病，可以藉此捉到小偷。

澳洲原住民

好痛苦！

坐墊　持有者

拿別人使用的袋鼠皮坐墊用火烤，就能讓持有者生病。

腳印的黑魔法

光憑留在砂土上的腳印、掌印或身形痕跡，黑魔法師便能夠詛咒留下這些痕跡的人，以劇痛折磨對方。

●透過腳印或掌印危害他人

人只要在砂土上走動，就會在該處留下腳印、掌印或身體的痕跡。這些痕跡跟曾經在這裡活動的人有過密切的接觸，適用於感染魔法的魔法原理。在黑魔法的世界裡，透過留在砂土上的腳印、掌印或身體痕跡，便足以詛咒當初的那個人。

腳印是這些痕跡當中最普遍的，利用腳印行使的黑魔法可謂是遍見於世界各地。

以澳洲東南部的原住民族爲例，當他們想要讓憎恨對象痛苦時，就會尋找那個人的腳印，並拿石英、玻璃或骨頭等物去刺擊，光是這樣就足以讓那個人的腳出現異狀，甚至瘸腿跛腳。因此當澳洲原住民風濕痛發作時，就會認爲自己的腳印被別人施了魔法。

同樣的魔法亦可見於歐洲各地。臨波羅的海的德國梅克倫堡地區有一種在仇人腳印上打釘的魔法，這釘子還必須是從棺木中拔出來的封棺釘，如此一來便能使仇人跛腳。

澳洲東南部的原住民族還相信，躺臥時所留下的身形痕跡同樣也可以用來施法。取石英或玻璃等銳利的碎片埋在該地，其咒力便足以使對方的身體感到劇痛。

古希臘**畢達哥拉斯學派**有條戒律規定每天起床以後要抹去留在寢具上的痕跡，其目的就是要避免遭人施行這類魔法。

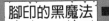
腳印的黑魔法

腳印的黑魔法 ➡ 透過腳印、掌印或身形痕跡詛咒留下痕跡的人。

腿啊，斷掉吧！

腳印

欸～骨折了。

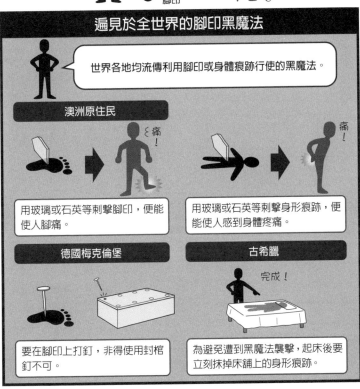

遍見於全世界的腳印黑魔法

世界各地均流傳利用腳印或身體痕跡行使的黑魔法。

澳洲原住民

痛！

痛！

用玻璃或石英等刺擊腳印，便能使人腳痛。

用玻璃或石英等刺擊身形痕跡，便能使人感到身體疼痛。

德國梅克倫堡

古希臘

完成！

要在腳印上打釘，非得使用封棺釘不可。

為避免遭到黑魔法襲擊，起床後要立刻抹掉床舖上的身形痕跡。

用語解說

● 畢達哥拉斯學派（Pythagoreanism）→亦稱畢達哥拉斯教團，傳為古希臘哲學家畢達哥拉斯所創設的宗教結社。

捕捉靈魂的黑魔法

世界各地都有捕捉靈魂的黑魔法，據說黑魔法師只要傷害捉來的靈魂，就能讓靈魂的主人生病，進而死亡。

●奪取仇敵靈魂以行攻擊的黑魔法

擒捕靈魂可謂是黑魔法的基本魔法之一，盛行於世界各地的未開化民族之間，他們相信靈魂若遭魔法師奪取將會罹患疾病，最終致死。

在斐濟，酋長會使用靈魂捕縛術來對付不肯認罪的犯罪者。酋長會拿著頭巾在犯人的頭頂上不停揮舞，待靈魂進入後立刻將頭巾折疊，釘在獨木舟船頭，如此一來靈魂遭剝奪的犯罪者就會漸漸衰弱而亡。因此，犯罪者只要一聽到酋長提到頭巾這件事就會害怕得不住顫抖，將實情和盤托出。

南太平洋**丹傑島**的魔法師遇到仇敵生病時，就會在對方的住處附近設置一個兩側裝著兩個大小不同的環、全長約五公尺的陷阱。當地的人們相信生病就代表靈魂已經離開了身體，而魔法師此舉就是要捕捉靈魂，讓它無法回到主人的身體裡面。如果靈魂（據說會以小鳥或昆蟲的模樣體現）落入陷阱，那麼失去靈魂的人就必死無疑。

西非的黑魔法師也會設下陷阱，趁人們睡覺、靈魂離開身體時捕捉靈魂。黑魔法師不管靈魂究竟是誰的，只要捉到靈魂就會把它吊在火堆上烤，靈魂乾燥以後那個人就會生病。據說黑魔法師此舉並非是跟人有什麼恩怨，只要那個人願意付錢，魔法師就會立刻釋放靈魂。至於有意傷害對方的黑魔法師，則是會在囚禁靈魂的缽狀容器中放置利刃或鉤子；一旦在裡面受了傷，即使靈魂幸得逃脫，靈魂的主人也會生病。

捕捉靈魂的黑魔法

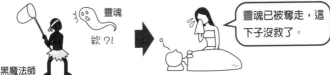

靈魂捕縛術 ➡ 靈魂遭奪取將會導致病死。

黑魔法師

靈魂

欸?!

靈魂已被奪走,這下子沒救了。

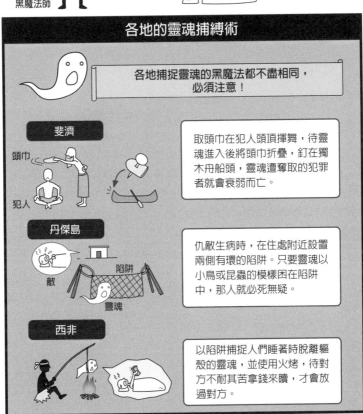

各地的靈魂捕縛術

各地捕捉靈魂的黑魔法都不盡相同,
必須注意!

斐濟

頭巾

犯人

取頭巾在犯人頭頂揮舞,待靈魂進入後將頭巾折疊,釘在獨木丹船頭,靈魂遭奪取的犯罪者就會衰弱而亡。

丹傑島

敵

陷阱

靈魂

仇敵生病時,在住處附近設置兩側有環的陷阱。只要靈魂以小鳥或昆蟲的模樣困在陷阱中,那人就必死無疑。

西非

以陷阱捕捉人們睡著時脫離軀殼的靈魂,並使用火烤,待對方不耐其苦拿錢來贖,才會放過對方。

用語解說

●丹傑島(Danger Island)→即普卡普卡島。南太平洋的孤島,位在夏威夷群島南南西方約3000km處。

影子與映像的黑魔法

映照在地面或水面的影子和映像、畫筆下的肖像畫或照相機拍下的照片等，皆可謂是人的靈魂或生命的一部分，可作為加害他人的咒術道具使用。

●透過影子或映像加害他人

拖曳在地面的影子和映照於水面的身形，就跟遺留在沙上的腳印或掌印一樣，皆可當作黑魔法的重要道具使用。這是為什麼呢？因為世界上許多地方都相信，映照在地面或水面的影子映像便是那個人的靈魂或生命的一部分。

影子與映像的黑魔法有形形色色各種不同的類型。

舉例來說，印尼的韋塔島*就有種或以長槍刺擊、或以利刃斬切影子，好讓施術對象生病的黑魔法。

希臘通常都是使用獸血獻祭祈使建築物能夠屹立不搖，有時卻也會使用人影的魔法。這魔法是將人帶到建築物的地基礎石處，偷偷探錄那個人的身形尺寸，將抄錄下來的尺寸埋在地基礎石底下，或是將地基礎石壓在人影之上。如此一來建築物就會牢不可動，但那個人卻活不過一年。

羅馬尼亞的外西凡尼亞地區則認為像這樣影子被埋起來的人，40天內就會死亡。於是這個地方後來甚至還發展出專門出售影子給建築家，好保證牆垣堅固的影子商人這種職業。

白令海峽的愛斯基摩人則相信魔法師有能力盜取他人的影子，若影子遭竊就會日漸衰弱，終致死亡。

畫筆繪成的肖像畫和照相機拍出來的照片，同樣也能拿來做這種恐怖用途。只要取得肖像或相片，便等於取得了足以奪去對方性命的決定性力量，這也就是為何許多未開化民族如此害怕讓人照相或繪製肖像畫的原因。

* 見P.217頁No.010注釋

影子與映像 ・是人的靈魂或生命的一部分。
・可作為黑魔法的道具。

  ＝

影子與映像擁有與稻草人偶同樣的力量。

各地的影子與映像的黑魔法

無論地面的影子或水面的倒影，一經黑魔法師的手，就會產生極可怕的結果。

韋塔島

持長槍或刀刃刺擊他人的影子，那個人就會生病。

希臘

偷偷採錄他人的影子尺寸，並抄來埋在建築物的地基礎石底下，便能保證建築物穩固屹立，但那個人卻會在年內喪命。

影子尺寸

白令海峽的愛斯基摩人

影子遭竊者會漸漸衰弱，終致死亡。

27

剩飯的黑魔法

吃剩的食物也可以作為施行詛咒的強力道具，黑魔法師當中亦不乏總是在蒐集別人剩菜剩飯的魔法師。

●對他人剩菜剩飯虎視眈眈的黑魔法師

別人吃剩的食物也是一種用來詛咒他人的重要道具。當某人進食並留下部分的食物時，原本屬於一體的食物就等於是分別存在於那個人的胃中與身體外部兩個地方。若按照感染魔法原理來解釋，這兩者之間有著非常深的關係。

利用剩菜剩飯詛咒他人的方法非常多樣化。以澳洲南方某部族黑魔法師的儀式來做說明：首先拿紅土與吃剩的魚油揉成泥團，將魚眼珠和肉片也揉在裡面，再把揉成球狀的泥團插在魚骨骨前端，放在屍體懷中一段時間，此舉的用意是要讓咒物吸收死亡的力量。

接著將泥團取出，燃起火堆，把魚骨頭插在一旁的地面上，此時魚骨前端的泥團會因受熱而慢慢融化，待其完全融化之際，受詛咒者就會一命嗚呼。這個地區的黑魔法師經常在尋找他人吃剩的鳥骨、獸骨、魚骨頭，因為他們就是靠著施行詛咒要脅他人支付錢財來維持生計。

南太平洋新赫布里底群島塔納島的黑魔法師則是會到處去撿別人吃剩的香蕉皮，用小火慢烤，當香蕉皮燒完的同時，那個人便會死去，所以吃下香蕉的本人或親戚要趕忙去找黑魔法師送禮，央求他撤消詛咒。

如前所述，吃剩的東西若落到黑魔法師手中就會變得非常危險，因此這些地區都有吃完飯後立刻自行處理殘羹剩飯的習慣。基於相同理由，古羅馬人也有用完餐後隨即將蝸牛殼或蛋殼壓碎的習俗。

剩飯的黑魔法 ➡ 用別人吃剩的食物施行詛咒的魔法。

 ↔ 根據感染魔法的原理，吃剩的食物和已經吃下肚的食物兩者之間有著極深的魔法性關聯，可作為黑魔法的道具運用。

澳洲南部的剩飯黑魔法

澳洲南部的黑魔法師會用魚油與紅土捏成泥球，使人致病。如果不想受到詛咒，就要花錢消災。

方法為何？

將紅土和吃剩的魚油揉在一起，把魚眼珠和肉片也摻雜其中。

捏成球狀插在魚骨頭前端，置於屍體懷中。

魚骨頭前端的泥團受熱融化殆盡時，遭詛咒者就會喪命。

取出泥團，燃起火堆將魚骨頭立於一旁。

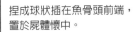

毛髮與指甲的黑魔法

毛髮與指甲自古以來就被視為是擁有非常強大力量的咒物，只要在詛咒用人偶中摻入毛髮或指甲，便能夠使詛咒的力量增強數倍。

●能使黑魔法力量倍增的駭人咒物

在黑魔法的世界裡，毛髮與指甲自古以來就一直被視為擁有非常強大力量的咒物。只要握有從身體切下的毛髮或指甲，便能對那個人施行魔法，這種思想遍見於世界各地。以世界各地利用人偶施行的黑魔法為例，只要將那個人的毛髮或指甲摻於人偶之中，便能使詛咒的力量增強數倍之多。就算只有毛髮或指甲，其力量也絕對足以對那個人施行詛咒。

馬克薩斯群島的魔法師會蒐集人類的毛髮、指甲和唾液等這些從身體分離出來的東西，放進特殊的袋子裡，經過儀式後埋進洞裡，光是如此便足以使人生病。於是人們經常會將切下來的毛髮和指甲等物燒掉後埋在沒人知道的地方，以免落入黑魔法師的手中，這種習俗遍見於全世界。

未開化的社會民族之間還有種習俗：會先剪下戰俘的頭髮後再將其釋放。頭髮被剪的俘虜因害怕遭到施法，自然就不敢再與自己為敵。

毛髮當中蘊含著人類的生命力與超自然的力量。歐洲民間相信，女巫的魔力便是充塞在毛髮之間。聖經曾描述力士**士師參孫**的怪力同樣源自毛髮，後來他也因頭髮被壞女人大利拉剪掉而失去了力量。

此外，世間還普遍有種信仰認為陰毛是最富愛情魔力的毛髮。因蘇格蘭女巫案遭到逮捕的男性女巫約翰·費安（John Fian）就曾施行過陰毛的魔法。據說他為使年輕女子愛上自己，偷取該女子的3根陰毛施行戀愛魔法，可是他的死對頭竟然從母牛乳房拔下3根毛，偷偷跟女孩的陰毛調換，所以他非但沒有得到女孩的青睞，還落得讓母牛四處追著跑的下場。

毛髮與指甲的黑魔法

 **毛髮與指甲** ➡ 擁有強大力量的黑魔法咒物。

將頭髮、指甲摻入詛咒人偶,可使詛咒力量增強數倍。

 +
頭髮與指甲 **=** 詛咒力量
增強數倍

頭髮的魔法力量

人類因畏懼頭髮所蘊含的黑魔法力量,
而衍生出各種形形色色的習俗。

為避免落入黑魔法師的手中,世界各地都有將毛髮與指甲斷片燒掉或掩埋的習俗。

俘虜敵人後剪下其頭髮讓對方再也不敢與己為敵的習俗。

頭髮是力量的泉源,聖經英雄參孫就曾被惡女大利拉剪掉頭髮而變得衰弱。

16世紀的巫師約翰‧費安,因藉由3根陰毛,施行黑魔法,讓年輕女孩愛上了自己,而遭到逮捕。

用語解說

●馬克薩斯群島(Marquesas Islands)→位於大溪地東北方約1500km處,南太平洋由14個火山島所組成的群島。

●士師參孫(Samson)→但族出身的以色列英雄,以對抗非利士人而聞名,後來卻被非利士出身的妻子大利拉剪掉頭髮而遭非利士人殺害。

No.013

血與唾液的黑魔法

血液、唾液跟毛髮、指甲一樣都擁有強大的黑魔法力量，尤其是女性特有的經血更擁有使男性臣服於自己的強力戀愛魔法成分。

●有千萬種使用方法的黑魔法詛咒道具

血、唾液跟毛髮、指甲一樣，都是擁有強大黑魔法力量的恐怖咒物。這是因為血與唾液原本也屬於人類身體的一部分，一般相信即便與人體分離後，還是能持這些物質對人施以魔法。同樣以藉人偶施行詛咒的黑魔法為例，優秀的黑魔法師除毛髮與指甲以外，也不會忘記摻雜血或唾液增強法力。

從前有個印第安的黑魔法師曾取得敵人唾液，將唾液注入馬鈴薯，再煙燻馬鈴薯來詛咒敵人，而敵人便會隨著馬鈴薯的乾燥而漸漸衰弱。又或是讓青蛙吞下唾液，擲入激流中，據說敵人就會因此罹患瘧疾。

既然血與唾液擁有如此驚人的魔力，要是落入敵人手中，下場自然是不堪設想。於是人們只要看見血或唾液滴落地面就必須盡快以沙土掩蓋，若沾染木材等物時就要迅速將其削落，以免遭魔法師惡用，在世界各地都有類似的習慣。

除此以外，血與唾液還有諸多不同的魔力。根據歐洲民間傳說，從前女巫在詛咒敵人時經常會使用到自己的唾沫。亦有黑魔法在詛咒他人的同時將唾液抹在石頭或短刀上，再加以摩擦，意圖使其生病。血的重要性更甚於唾液，經常被視為人的靈魂與生命。無論人類或動物，失血過多自然會小命不保，所以有這種思想也是極其自然。血等於靈魂，有些地方甚至禁止飲用獸血。

再說到女性特有的經血，更蘊含可使男性臣服的戀愛魔法強力成分；只要添加區區一滴經血在男性的餐點內，就必定能夠獲得那名男子的愛。

血與唾液的黑魔法

血與唾液 ➡ 擁有強大黑魔法力量的咒物。

血與唾液　看我的！　好難過

血與唾液原是身體的一部分，即便離開身體，仍然能藉其施行魔法。

⬇

世界各地均有使用血與唾液的黑魔法

印第安人

將敵人唾液注入馬鈴薯再生火煙燻。

➡

我命危矣！

敵人會隨著馬鈴薯乾燥而愈漸衰弱。

令青蛙吞下敵人唾液，擲入激流中。

➡

我命危矣！

使敵人罹患瘧疾。

歐洲女巫

詛咒你～　詛咒你～

詛咒他人的同時將唾液抹在石頭上。

➡

我命危矣！

使敵人生病。

拿塗抹唾液的劍摩擦敵人。

➡

我命危矣！

使敵人生病。

名字的黑魔法

名字蘊含著人的本質，因此一般相信即使沒有其他物品，光憑名字也足以對他人施行詛咒。

●人的本質宿於真名之中的恐怖

在黑魔法的世界裡，人的名字就跟人偶、毛髮、指甲等物同樣可以用來詛咒他人。對黑魔法師來說，名字其實並不只是拿來指稱某人的字眼而已。

名字當中蘊藏著人的本質，就某個層面來說，名字甚至比毛髮、指甲、血液或唾液更加重要。古希臘羅馬就會將仇人的名字連同詛咒文字寫在破陶片上後掩埋，藉以詛咒他人。除此以外，有些地方還有在名字上釘釘子的習俗。

由於名字非常容易招致危險，所以許多地方都衍生出作為日常使用的名字和真名兩個名字的習慣，例如埃及人就有使用兩個名字的習慣，他們有大名字和小名字，平時以小名字行走世間，大名字則是隱而不宣。

澳洲中央地帶的土著民族除了日常生活使用的名字以外，還有一個聖名，除了特殊場合以外並不會使用，而且平時禁止提起這個聖名。古印度也會給孩童取兩個名字，一個是平常用的，另一個是只有父母才知道，唯有在結婚之類的特殊場合才會使用。

神祇、天使與惡魔的名字也是如此。根據古埃及神話記載，女神伊西斯曾經想要刺探太陽神拉的真名，企圖藉此奪取其神力：伊西斯蒐集拉的唾液和著泥土捏成毒蛇，拉被這條毒蛇咬中後相當痛苦，只得將真名告訴伊西斯，伊西斯便取而代之成為了世界的統治者。

名字的黑魔法

名字 ➡
- 人的本質宿於其中。
- 比人偶、毛髮、指甲、血液、唾液等更加恐怖的咒物。

痛苦吧～

明明已經很小心處理人偶、毛髮、指甲、血液。

嗚～ 怎麼會～

就算沒有人偶、毛髮、指甲、血液等物，光靠名字同樣也能對敵人施行詛咒。

古希臘的名字黑魔法

古希臘人會將敵人名字與詛咒寫在陶片上後掩埋，藉以詛咒仇敵。

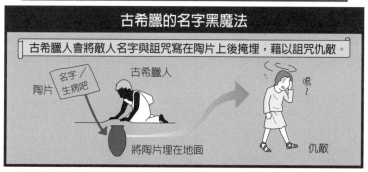

名字／生病吧
陶片
古希臘人

將陶片埋在地面

嗚～
仇敵

大名字與小名字

從前的埃及人有大小兩個名字，一般只使用小名字，
大名字則隱而不宣，以免遭人詛咒。

大名字
?
大名字隱而不宣

你好。
這是我的名字。

小名字

平時以小名字生活

咒文與黑魔法

所謂的咒文就是指擁有特殊力量，足以驅動自然精靈、神明或惡魔藉以實現自身願望的語句，是魔法當中不可或缺的要素。

●使用蘊藏特殊力量的魔法咒文

自古以來，咒文便與魔法有著密不可分的關係。早在宗教尚未出現的時代，人們就相信自然界有著各式各樣的精靈存在，魔法師們除運用共感魔法的原理以外，還要訴諸於眾精靈，希望能借重其力量。宗教發達以後，更復如此：唯有透過向神明、惡魔等神靈發願請求，才能使願望得到實現。

咒文內容雖因宗教而異，不過基本上使用的通常都是該宗教認為富含強大力量的名字或詞句。

基督教認為唯一的神「耶和華」與耶穌之名最具力量，因此最常使用。歐洲魔法的咒文經常會使用到「埃爾（El）」、「耶洛因（Elohim）」、「耶洛亞（Eloa）」、「撒巴夫（Sabaoth）」、「阿多奈（Adonai）」等詞句，這些其實全都是指稱神的一般用語。當中象徵耶和華的「YHVH」四個字母亦稱為聖四文字（Tetragrammaton），是個極為特殊的名字。有時候人們也會憑「阿里蔑（Alimiel）」、「加百列（Gabriel）」等重要天使的名字尋求庇佑守護。透過這些名字便能借重神靈、天使或惡魔的力量來實現願望。其他還有許多如「**驅病符**」等起源與含意均不可考的名字。

日本的密教*（佛教）真言（Mantra）原是擁有魔力足以驅動眾神佛的語句，後來才演變成為魔法的咒文。「真言」意指「真實之言」，密教相信唱誦真言便能夠直接將魔法師的願望傳達訴諸於神佛。大威德明王的真言為「嗡・紲利・卡拉魯帕・吽堪・梭哈。」，降三世明王則為「嗡・蘇婆・你蘇婆吽・蘗紮哩・吽發吒。」；唱誦該神佛的真言再搭配詛咒仇敵的真言，便能借神佛之力一雪仇恨。

咒文與黑魔法

咒文 ➡ ·行使魔法所需的特殊語句。
·訴諸精靈或神靈以實現願望。

嗡・紲利・卡拉魯帕・吽堪・梭哈。

以咒文之力
委託神靈攻擊仇敵

基督教世界擁有力量的語句

歐洲魔法認為唯一的神與天使的名字擁有特殊力量，
可以作為咒文使用。

擁有特殊力量的名字	聖四文字＝YHVH
指稱神的字句	埃爾、耶洛因、耶洛亞、撒巴夫、沙代、阿多奈、耶和華、亞、耶亞、札巴歐特、哈深、阿多深、沙洛姆
天使的名字	阿里葭、加百列、巴拉基爾、列貝斯、赫里松、亞費里沙、革農
意涵不明的語句	Abracadabra、SiraS etar beSanar、Onaim, Perantes、Rasonatos

密教的真言

密教等佛教魔法是在咒文中加入指稱眾神佛的名字
和詛咒的語句，藉以驅動神佛。

大威德明王	嗡・紲利・卡拉魯帕・吽堪・梭哈。
降三世明王	嗡・蘇婆・你蘇婆吽・蘗紮哩・吽發吒。
摩利支天	南摩・三滿多沒・馱南・嗡・摩里支・娑婆訶。
毘沙門天	嗡・啊・歪矢阿・喔拿・耶・那摩・吽・娑婆訶。

用語解說

●驅病符（Abracadabra）→驅逐疾病、噩運與惡靈之護符所使用的咒語。

＊見P.217頁No.015注釋

＊日本的密教真言與台灣略有不同，此處直接採音譯。

從魔法書的角度來看《金枝》

希望對黑魔法稍有興趣的讀者，都能知道這本書：《金枝》。

《金枝》是詹姆斯‧弗雷澤爵士（1854～1941年）所著的民族學古典鉅著。弗雷澤著作此書的目的，是意欲解開流傳於義大利內米森林（Woods of Nemi）的某個傳說之謎。這座森林裡有個名為「森林之王」的祭司，這個祭司職位要任職到被他人殺死為止；換句話說，誰想要成為新的祭司就必須先將現任的祭司殺死才行。而且還有一個條件：殺死現任祭司，欲成為新任「森林之王」的人，首先必須到內米森林湖畔的森林中折取神聖的金枝（槲寄生）。

這是為什麼呢？為何非得折取金枝不可？弗雷澤為解開這個謎題，一方面沿引世界各地的神話與傳說、未開化社會信仰等作為佐證，一步步推論建立起他所構想的理論。

筆者特別於此處介紹《金枝》的用意，並不在於其「解開金枝之謎」的主題。跟《金枝》的主題比較起來，反而是那些主題以外的部分與黑魔法的關係更加密切，這是因為弗雷澤為舖展與主題有關的論述，大量閱覽了述及世界各地未開化社會的書籍，並收錄近乎無數的咒術事例，還附有詳細的說明。

本書《圖解黑魔法》第一章已經介紹了認識黑魔法時不可或缺的魔法基礎知識，並提到兩個基礎法則：「類似法則」與「感染法則」，這二個法則又合稱為「共感法則」。前述也解說了根據法則而形成的形象（人偶）、死者、加害者、衣服、腳印、影子、毛髮、指甲、睡液……等諸多手段，是如何在魔法的世界裡演變成一股極為強大的力量。

其實這些內容《金枝》大多都有寫到。也因為如此，《金枝》固然非魔法書籍，卻是一本可以當成魔法書來閱讀的作品。這也是為什麼筆者希望能將《金枝》這本書介紹給對黑魔法感興趣的讀者。

除此以外，《金枝》非但曾經出現在霍華‧菲利普‧洛夫克萊夫特（H. P. Lovecraft）的小說《克蘇魯的呼喚》中，TRPG（桌上型角色扮演遊戲）版《克蘇魯的呼喚》更將其定位為魔法書。

為什麼會有這樣的定位呢？其實只要知道《金枝》是本什麼樣的書，相信便不難理解了。

第2章
歐洲的黑魔法

No.016

歐洲的黑魔法

受基督教支配統治的歐洲認為所有的邪惡全部來自於惡魔，而施行黑魔法勢必也要借用惡魔的力量。

●借惡魔之力的歐洲黑魔法

歐洲也跟世界其他地方相同，將加害他人的邪惡魔法定義為黑魔法。歐洲黑魔法的特殊性在於4世紀後，基督教形成一股極大的絕對勢力，其教義認定世間所有邪惡全都來自於惡魔，因此也認為黑魔法師全都是借惡魔之力來行使法術。

欲借用惡魔之力，最基本的方法便是與惡魔締結契約。這個觀念雖然早在4世紀時便已確立，但頭一個以締結惡魔契約而聞名的，卻是6世紀的狄奧菲魯斯（Theophilus）。狄奧菲魯斯原是西西里教會的主教，可是他遭競爭對手擊敗後便以靈魂作為交換條件與惡魔締結契約，重新奪回了主教的寶座。16世紀德國傳說中的**浮士德博士**同樣也是以為實現自身願望不惜將靈魂賣給惡魔而聞名。

來到中世紀末期，與惡魔締結契約者，無論男女一律都被視為女巫，遭眾人厭惡忌避，更有無數的女巫被冠上莫須有的罪名，處以死刑。

除此以外，還有些黑魔法師不需與惡魔締結契約，也可運用惡魔的力量：他們以魔法陣、魔法杖等道具搭配唱誦咒文藉以命令惡魔，使用的是儀式魔法。儀式魔法在中世紀後半有長足的發展，在整個歐洲掀起了一陣大流行。

無論是要跟惡魔締結契約或是要向惡魔下達命令，勢必都要先將惡魔給召喚出來，該召喚術便因循「Necromancy（降靈術）」而喚作「Nigromancy」。「Nigro」這字當然就是黑的意思，強調的就是黑魔法的本質。

 歐洲的黑魔法 ➡ 加害他人的邪惡魔法。

借惡魔之力施行的魔法。

借用惡魔力量的方法

 歐洲相信黑魔法要借用惡魔之力,有以下三種方法。

與惡魔締結契約

締結契約讓惡魔替自己實現願望,相對的約期滿時要交出自身靈魂作為交換。

變成女巫

中世紀末期以後相信與惡魔簽約成為女巫,便能借用惡魔的力量。

藉儀式魔法驅使惡魔

儀式魔法是運用魔法陣、魔法杖與特殊咒文等召喚惡魔,不需以靈魂為交換便可單方面命令惡魔來施行黑魔法。

用語解說

●**浮士德博士**(Doctor Faustus)→成為歌德作品《浮士德》的傳說中人物原型,據說曾與惡魔梅菲斯特(Mephisto)締結契約。

與惡魔締結契約

基督教時代的中世紀歐洲相信，實踐黑魔法必須與惡魔締結契約，而惡魔契約卻往往會招致極為可怕的後果。

●與惡魔締結契約成為魔法師

　　基督教時代的中世紀歐洲認為，魔法或占卜等超自然現象都是憑著惡魔之力而實行的，因此所有實踐黑魔法的人都必須與惡魔締結契約。這是為什麼呢？行使魔法之前，人類與惡魔之間要先議定各種暗號或咒文分別代表何種意思，惡魔就能依照黑魔法師給的暗號來達成尋常所不能的事情。這中間的議定程序，便是所謂的契約。不過，與惡魔締結契約往往會招致極為可怕的結果。

　　以16世紀德國傳說中的浮士德博士為例，來看與惡魔締結契約的魔法師最後會有何下場。

　　傳說浮士德博士為了要成為魔法師而在威登堡附近森林的四叉路繪製魔法陣，從晚間9點開始唱誦咒文到10點，成功召喚出惡魔**梅菲斯特**，再用自身鮮血書寫證文，與惡魔締結契約。契約規定浮士德博士在24年後，必須將自己的身體、靈魂、身家財產等全數讓渡給惡魔，相對的惡魔則是必須在這24年期間實現浮士德博士要求的所有願望。

　　後來浮士德博士習得了欺人耳目的幻惑魔法、變身成其他事物的變身魔法、騰空翱翔的飛行魔法，甚至是將女性玩弄於股掌間的性愛魔法等眾多魔法。除了整個歐洲以外，他遊遍了埃及、高加索地區，甚至還在轉瞬間就遊歷了天國與地獄。換句話說，只要與惡魔締結契約，任何願望都可以實現。

　　然而惡魔的契約卻會帶來令人恐懼的後果。來到契約期滿的那晚，浮士德博士的身體在極大的爆裂聲響之下變得四分五裂，一切如契約規定，全數歸於惡魔。

惡魔的契約

 惡魔的契約 ➡ 為施行黑魔法而締結契約。

人類與惡魔間必須先議定各種暗號或咒文分別代表的意思。

往往會招致可怕的後果

傳說中浮士德博士的惡魔契約

著名的浮士德博士在威登堡附近的森林與惡魔梅菲斯特締結以下契約，獲得了幸福的人生。

契約內容

24年後將身體、靈魂、身家財產等全部讓渡予惡魔，相對的惡魔必須實現博士所有的願望。

結果呢？

不但習得了魔法，還實現了所有願望。

契約期限滿後呢？

約滿當晚夜半，博士的身體便伴隨著極大聲響爆裂，最後如契約所規定的，全數歸於惡魔。

圖為荷譯民間版《浮士德博士》插畫。

用語解說

●梅菲斯特→歌德作品《浮士德》所提到的梅菲斯特，其實是歌德自創的字詞。

女巫的黑魔法

女巫們全都是黑魔法師，他們會透過令家畜致病死亡、暴風暴雨、久旱不雨、失戀、性無能等各種形式加害眾人。

●帶來各種自然危害與災厄的女巫

中世紀歐洲相信**女巫**會利用黑魔法來做各種惡行，例如損害他人家畜或財產、使人致病甚至死亡等。有些女巫能使男人變得性無能、使女人不孕。而頭痛、被跳蚤咬等小事也是女巫所為。這些女巫所做的壞事，統稱為「巫術（Maleficia）」。為惡就是與撒旦締結契約的證據，無論是男是女，都是女巫。

女巫使用黑魔法來加害的對象，通常與農業相關者為多。女巫能行使黑魔法來興起暴風、暴雨、強風、惡劣天候，使農作物枯萎、家畜致病甚至死亡。也因為如此，每每遇到這類災厄又原因不明時，眾人往往會認為是女巫在作祟。心中稍有頭緒的人會告發疑似女巫的嫌疑犯，再由女巫獵人一併檢舉可疑份子。

這種主要危及農業興衰的女巫黑魔法尤以北歐最為盛行，因為北歐地區的農業生產力自中世紀以來便相當高，農業在當時已是很重要的產業，所以有許多女巫都是以危害農業的罪名遭人逮捕。

當時認為女巫雖可憑藉惡魔之力行使黑魔法，卻必須要使用軟膏、藥草、人偶與繩結等物作為施術的手段。使用人偶等模擬物應該要算是古典共感魔法的範疇，這種方法遍見於全世界，不過在女巫審判中藉此殺人的案例很常見。此外，還有利用咒文、邪眼或魔寵行使的黑魔法，而使用著名魔法道具「光榮之手」的案例，亦不在少數。

女巫的黑魔法

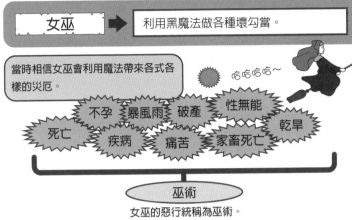

女巫 ➡ 利用黑魔法做各種壞勾當。

當時相信女巫會利用魔法帶來各式各樣的災厄。

哈哈哈哈～

不孕　暴風雨　破產　性無能

死亡　疾病　痛苦　家畜死亡　乾旱

巫術

女巫的惡行統稱為巫術。

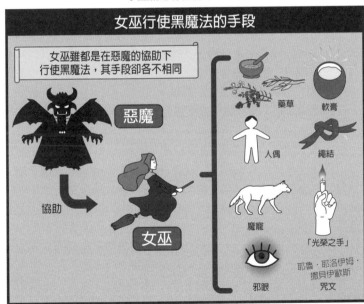

女巫行使黑魔法的手段

女巫雖都是在惡魔的協助下
行使黑魔法，其手段卻各不相同

惡魔

協助

女巫

藥草　軟膏

人偶　繩結

魔寵

「光榮之手」

邪眼

耶魯・耶洛伊姆・
撒貝伊歐斯
咒文

用語解說

●女巫→自古以來便有能治療疾病、行使神奇魔法的女巫存在，只是中世紀後期以後普遍將女巫視為惡魔的爪牙，施以宗教審判，再予以判刑。

女巫的入會儀式

中世紀歐洲的女巫是透過參加女巫的晚宴（魔宴）在魔王撒旦面前執行入會儀式，與惡魔締結契約。

●成為女巫不可或缺的惡魔契約

　　與惡魔締結契約的方法不只一種，除浮士德博士使用的傳統方法以外還另有他法。16～17世紀歐洲獵女巫運動盛行期間，許多女巫便是使用這個方法來與惡魔締結契約。這些女巫首先要參加由眾女巫舉辦的晚宴——魔宴，並在魔王撒旦面前執行入會儀式，與惡魔締結契約。

　　關於女巫的入會儀式，女巫和惡魔學家都曾經提出各種說法。16世紀的惡魔學家**威廉·珀金斯**就曾說舉行入會儀式時，女巫會跟撒旦交換用自身鮮血所書寫的契約書。也有人說女巫會在締結契約之際親吻撒旦的臀部。

　　弗朗切斯科·馬利亞·瓜佐所著的《蟲物要覽》（1608年）中記載的女巫入會儀式則是如下所述：

　　　　首先新人女巫要站到撒旦面前否定基督，立誓歸依惡魔，宣誓完成後，要踐踏十字架、聖母瑪莉亞像或聖人像。撒旦會給女巫一個新的名字，施以再洗禮，據說再洗禮所使用的都是髒水。接著，撒旦會在女巫的臉上做出刮除的動作，這是象徵刮除施洗聖油的儀式。再來則是否定女巫舊名的命名父母，決定新的命名父母。女巫向惡魔貢獻象徵服從的印記和衣服碎片，在地面上畫魔法陣，站在魔法陣裡向惡魔宣誓效忠。

　　女巫會請求撒旦將自己的名字寫進「死亡之書」，承諾每年固定一次以稚童作為祭品獻給惡魔。撒旦會在女巫全身各處留下女巫之印，最後女巫必須立誓今後不再行使任何基督教的儀式，並且保守惡魔契約的祕密。

　　經過上述程序成為女巫的人，便能得到惡魔之力襄助。

女巫的入會儀式

 女巫的入會儀式 ➡ 許多女巫與惡魔締結契約的方法。

從此便可運用惡魔之力行使黑魔法。

女巫入會儀式的流程

根據《蟲物要覽》（1608年）記載，
女巫的入會儀式是按照下列流程進行。

①否定基督教信仰，立誓歸依撒旦。

②撒旦對入會者施以再洗禮。

③施洗聖油的刮除儀式。

④女巫獻上服從的印記以及衣服碎片。

⑤站在魔法陣中，立誓服從惡魔。

⑥將名字記入「死亡之書」。

⑦承諾以稚童獻給惡魔。

⑧發誓今後不再行使基督教的儀式。

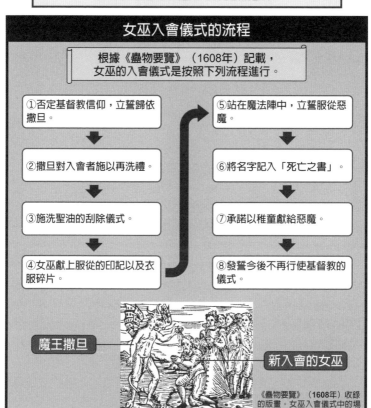

魔王撒旦

新入會的女巫

《蟲物要覽》（1608年）收錄
的版畫。女巫入會儀式中的場
景。

用語解說

●威廉・珀金斯（William Perkins）→1555～1602年。英格蘭的惡魔學家，清教徒派的布道師。

●弗朗切斯科・馬利亞・瓜佐（Francesco Maria Guazzo）→17世紀初葉的托缽修道士。

No.020

魔宴

能使用黑魔法的女巫全都參加過由惡魔撒旦主辦的魔宴，因此魔宴跟黑魔法有著密不可分的關係。

●由惡魔主辦將普通人變成能使用黑魔法的女巫聚會

所謂魔宴就是指惡魔撒旦為眾女巫所主辦的晚宴，因此魔宴本身並非黑魔法，但與黑魔法有著密不可分的關係。從中世紀直到17世紀前後，歐洲深信惡魔是妖術與魔法的力量泉源，而使用邪惡魔法的人無論男女，都是與惡魔締有契約的女巫，會定期參加魔宴。

當時的人對魔宴的印象大致如下：

當夜，女巫會小心不讓丈夫或妻子發現偷偷溜出被窩，並在身上塗抹軟膏，此時身體就會漂浮起來，便可騎著掃帚等道具揚長飛去。他們的集會場所大多是在人煙稀少的荒地、森林、洞穴等處。參加者集合後第一件事就是向惡魔獻崇拜，初次參加者便要參加入會儀式。

撒旦通常會化為巨大漆黑的公山羊模樣，頭頂兩支山羊角中間有支燃燒的蠟燭。接下來是進行用餐，此時眾女巫會取出事先殺好的童血童肉進食。宴會結束以後，眾女巫會將火把吹熄，使周圍陷入一片漆黑，待一聲令下便互相擁抱，無論身邊是同性或異性、是否為近親一概不論，即展開亂交。最後是離別的儀式，回到家後要無聲無息的鑽回被窩裡。

重要的是，魔宴是個不存在於現實的幻想，每位證人針對舉辦日期、舉辦場所、參加人數等細節都是說法不一。17世紀初的女巫獵人皮耶‧德‧朗克雷（Pierre de Lancre，1553～1631年）則表示魔宴就像個市集，瘋狂的參加者從各個方向如波浪般湧來，其數量甚至可達數十萬人。

| 魔宴 | ➡ | 女巫＝黑魔法師定期聚會的晚宴。 |

魔宴的形象

獵女巫時代的歐洲人觀念中，
對魔宴的想像如下。

概　要

舉辦日期　非週六、週日的深夜舉辦。

移動手段　周身塗抹軟膏、乘掃帚飛行而來。

魔宴的流程

➡惡魔禮拜　向惡魔表達敬意的臣服禮拜。

➡入會式　　初次參加者的入會儀式。

➡宴　會　　美味的料理（不過也有貓、狗、青蛙等料理）。

➡舞　踏　　搭配鄉村風格音樂跳舞（多為輪旋曲[*1]）。

➡亂　交　　不論男女，與身旁的人進行亂交。

結　束　　自然結束，或者以黎明雞啼為號。

描繪布羅肯山[*2]女巫魔宴的18世紀版畫。

伊利法斯‧利末[*3]筆下魔宴中的撒旦。
「曼德斯的巴弗滅」。

*見P.217頁No.020注釋

儀式魔法

儀式魔法是不需與惡魔締結契約便可使用的黑魔法，自中世紀後期蓬勃發展，流行全歐洲。

●以繁複儀式令惡魔服從的黑魔法

歐洲也有不需與惡魔締結契約便可使用的黑魔法存在，即為利用魔法陣、紋章、護符、**印記**、魔法杖等魔法道具，特別著重以咒文之力召喚惡魔為己所用、實現自身願望的儀式魔法（Ritual Magic）與祭儀魔法（Ceremonial Magic）。

這類魔法雖然自古便已存在，卻等到中世紀後期才獲得較大的發展，因此直到近世才有許多詳細解說儀式魔法程序步驟的魔法書（Grimoire）大量問世，如《所羅門王之鑰》、《大奧義書》、《教皇洪諾留的魔法書》。眾魔法師相信只要循著這些魔法書的指示，不需冒險與惡魔締結契約便可以施行魔法；而使用儀式魔法，魔法師便不是必須服侍惡魔的僕從，而是惡魔的主人。儘管如此，儀式魔法同樣是與惡魔有關連的魔法，所以往往遭人斥為黑魔法。

儀式魔法之所以會被視為黑魔法，跟儀式中經常牽涉許多殘酷噁心的內容也脫不了關係，18世紀初於巴黎大受歡迎的《教皇洪諾留的魔法書》便堪稱為代表。這部作品基本上都是在介紹召喚黑暗之靈的方法，準備階段往往必須從事血腥殘酷的行為，例如活祭黑母雞，剜出眼珠、舌頭、心臟後，曬乾磨成粉，撒在羊皮紙上。

施術者要斷食三日，以連禱形式朗誦詩篇的數節內容，並按規定以所羅門王的魔法陣或星陣圖獻禱，接著再以指定的魔法陣等陣形召喚惡魔。儀式魔法正是因為它的殘酷，才會被視為黑魔法。

儀式魔法

| 儀式魔法
祭儀魔法 | ➡ | ・不需與惡魔締結契約便能利用惡魔的魔法。
・使用魔法陣、印章、護符、魔法杖、咒文等。 |

中世紀後期以後大為流行，大量魔導書問世

惡魔契約與儀式魔法的差別

惡魔契約的架構之下，惡魔是主人、魔法師是僕從，
但儀式魔法中魔法師是主人、惡魔則是僕從。

惡魔契約　　　　　　　　　儀式魔法

我要簽約。　　准！　　　　　　聽話！　　　　沒辦法。

魔法師＝僕從　　惡魔＝主人　　魔術師＝主人　　惡魔＝僕從

殘酷噁心的儀式魔法

| 儀式魔法的儀式 | ➡ | 往往有許多極為殘酷噁心的內容。 |

宰殺黑母雞，刨出母雞的雙眼、舌頭與心臟，曬乾後磨成粉狀，
撒在羊皮紙上。

更增添黑魔法的邪惡氛圍

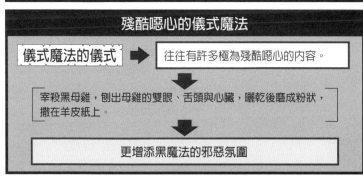

用語解說

●印記（Sigil）→指紋章與護符所繪的特殊圖形，因召喚的惡魔或施法目的不同而異。
● 《所羅門王之鑰》（The Key of Solomon the King）→魔法書當中最重要的一部，
相傳為傳奇的君王所羅門王所著，成書於14～15世紀間，極受歡迎。另有《所羅門
王的小鑰匙》。

幻惑魔法

所謂的幻惑魔法是能矇蔽他人耳目，使人聽覺或視覺失常的黑魔法，除了能夠搏得驚嘆以外，還能拿來詐取錢財或讓人視為神明。

●溯及術士西門的傳統黑魔法

　　幻惑魔正如其名，是種能矇蔽他人耳目以達欺瞞目的的黑魔法；這種幻象除了能夠搏得眾人的驚嘆，還能用來詐取他人錢財，甚至讓人視為神明。

　　說到歐洲曾經使用過幻惑魔法的著名魔法師，首推聖經《使徒行傳》中記載的術士西門（Simon Magus）。據《黃金傳說》〈第84章使徒聖彼得〉記載，術士西門曾對**尼祿皇帝**說道：「仁慈的皇帝陛下，為向您證明我乃神子，請命令您的部下將我首級斬下，我將在三天後復活給您看。」。皇帝遂令刑吏砍下術士西門的頭，但刑吏砍下的其實是公山羊的頭顱。三天後，術士西門秋毫未損再度出現在尼祿皇帝面前，皇帝萬分驚嘆，並信為神之子。

　　這件事後來很快就被**使徒彼得**拆穿，原來術士西門所謂的復活純屬幻惑魔法而已，全是惡魔所造成的幻象。

　　歐洲許多傳說均曾多次提及這類幻惑魔法，譬如16世紀德國的浮士德傳說也曾述及與惡魔簽下契約的浮士德博士，將載貨馬車連同馬匹吞進口中、嚇壞農民的場面。

　　這裡必須強調的是，上述幻惑魔法無一不是憑著惡魔的助力而為。也就是說，欲施行幻惑魔法有以下兩種可能的方法：其一，以靈魂為交換條件與惡魔締結契約，換得惡魔協助（請照No.017）；其二，參考魔法書等資料召喚惡魔並驅使之（請參照No.021），最後便可讓惡魔執行幻惑魔法。

幻惑魔法

| 幻惑魔法 | ・矇蔽他人耳目以行欺瞞的黑魔法。
・可搏得驚嘆，詐取錢財。 |

術士西門的幻惑魔法

| 術士西門 | ・以幻惑魔法而聞名的魔法師。
・新約聖經《使徒行傳》曾有記載。 |

根據《黃金傳說》記載，術士西門的幻惑魔法如下：

請將我的頭砍下來。

你怎麼還活著？

①直接跟尼祿皇帝說：「命部下將我的頭砍下來，我將在三天後復活」。

②術士西門使用幻惑魔法，讓刑吏將公羊頭當成自己的首級。

③三天後現身於尼祿皇帝面前，使皇帝深信自己是神之子。

幻惑魔法的原理

幻惑魔法憑藉惡魔之力

惡魔　　助力　　　　魔法師　　　幻覺　　公羊的幻象

用語解說

●尼祿皇帝（Emperor Nero）→羅馬帝國第五代皇帝，西元58～68年在位。因迫害基督教徒被稱為暴君尼祿。

●使徒彼得（Peter the Apostle）→跟隨耶穌基督的十二使徒之一。

變身魔法

變身魔法是種可使人類變身成為動物或其他物體的黑魔法，這種魔法經常被用來在暗地裡做壞事，或是讓他人變身使對方感到困擾。

●藉膏藥與惡魔之力將人變成動物的黑魔法

變身魔法是將人類變成動物或物體的模樣，是歐洲自古便有的黑魔法。有時會讓自己變身以便在暗地裡做壞事，有時則是令他人變身，使對方陷入困境。

2世紀羅馬作家阿普列尤斯（Lucius Apuleius）曾在小說《金驢記》（The Golden Ass）中描述該時代的變身魔法。主角魯巧出外旅遊，來到塞薩利*借宿於高利貸米羅的家。米羅的妻子潘毗累（Pamphile）原來是個魔法師，懂得變身魔法。她的變身魔法如下：首先褪去所有衣物赤裸身軀，從小盒子裡拿出極為特殊的膏藥，從腳尖到髮梢塗個通遍，接著快速的小幅度顫動手腳；此時全身上下便會隨著顫動漸漸生出柔軟的絨毛，並且慢慢長出一對翅膀。同時，口鼻變成鳥喙、指甲變成鉤，最終變成一隻貓頭鷹。變成鳥以後，潘毗累一振翅就立刻朝為愛瘋狂的年輕人飛去了。要解開這個魔法很簡單，只要以茴香、桂葉浸泡泉水，再用泉水沐浴便能恢復原狀。

但是自從歐洲進入基督教獨大的中世紀以後，變身魔法就被視為幻惑魔法之一，是與惡魔締約的女巫憑藉著惡魔力量所行使的術法。正如同《金驢記》所述，當時的變身魔法經常要使用到膏藥，甚至有些女巫證詞還指出曾經在變身時唱誦咒文。1662年蘇格蘭女巫審判的被告伊莎貝爾·高迪就說自己曾經重複唱誦「我身化兔，多悲多嘆多憂之兔，入我（惡魔）軍門：直至再度歸返之時。」咒語三次以上，最後變身成為兔子。

* 見P.217頁No.023注釋

變身魔法

變身魔法 ➡ ・令自己或他人變成其他模樣的黑魔法。
・中世紀歐洲視為幻惑魔法的一種。

古羅馬的變身魔法

小說《金驢記》曾描述古羅馬的變身魔法。

①脫個精光，取特殊的軟膏擦遍全身。

②抖動手腳，身體就會漸漸產生變形。

③完全變成貓頭鷹，振翅飛去。

④以浸泡茴香、桂葉的泉水沐浴，便能恢復原貌。

伊莎貝爾・高迪的變身咒文

1662年遭女巫審判起訴的女性伊莎貝爾・高迪提出證詞指出自己曾以下列咒文變身成兔子。

我身化兔，多悲多嘆多憂之兔，入我（惡魔）軍門，直至再度歸返之時。

兔兮兔兮，神降憂於汝身。我形雖為兔，即化女形。

女巫

變成兔子

變回女巫

變身咒文引用自《惡魔學大全》(日本青土社出版)

55

狼人魔法

自身或令他人變身成狼，進而噬人，狼人魔法雖是變身魔法當中最恐怖的黑魔法，卻也有弱點。

●最恐怖的變身魔法——狼人魔法

所謂的狼人魔法就是指自身變成狼，或是令他人變身成狼的魔法，即便在變身魔法中也是最恐怖的一種黑魔法。

先針對自身化狼的變身方法來作介紹。1世紀時，羅馬作家佩特羅尼烏斯（Petronius）的小說《馬奇奧之宴》記載的方法如下：選一個月明如白晝的夜晚，來到墓地褪去衣服，將脫下的衣服堆疊起來，然後在衣服四周撒尿，連成圓圈，如此一來就會漸漸變身成狼。

歐洲東部的斯拉夫地區也流傳著許多狼人傳說，俄羅斯故事中所講述的變身方式如下：首先在森林裡找棵已被伐倒的樹木，拿銅製小刀刺在樹幹上，然後繞行樹幹唱誦咒文「出海去，出大海去，來到普楊島去，出到空地上去，月在白楊樹梢亮，毛茸茸的狼兒穿過蔭綠森林與微暗山谷，所有長角的家畜都在牠的狼牙之下。可是，狼不入森林亦不進山谷。月啊月，黃金的新月啊，融化砲彈、鈍化小刀、擊碎帶節的木杖，令禽獸、人類甚至蟲子全都心懷戰慄恐懼，讓他們無法捕捉灰色的狼、無從剝取牠溫暖的毛皮！我言之堅甚於永眠，更甚於勇者之言！」（摘自《斯拉夫吸血鬼傳說考》，栗原成郎著）。最後躍過樹幹三次，便可變身成狼。

但人類像這樣變身成狼或其他動物時，有件事必須注意：變身成動物期間身體若是受傷，變回人類模樣以後也會在相同的地方有相同的傷勢，許多人便是因此才使得變身一事曝光。

狼人魔法 ➡ 使自身或他人變身成狼的魔法。

變身成狼的方法

不同時代或地區都有許多變身成狼的方法。

古羅馬的方法

①選一個月明的夜晚在墓地褪去衣服，將衣服堆起來，然後在周圍尿一圈。

②馬上變成狼。

斯拉夫地區的方法

②繞行樹幹唱誦特殊的咒文。

①在森林裡找棵被伐倒的樹，取銅製小刀刺在樹幹上。

月啊月，
黃金的新月啊～

④變身成狼。

③躍過樹幹，重複三次。

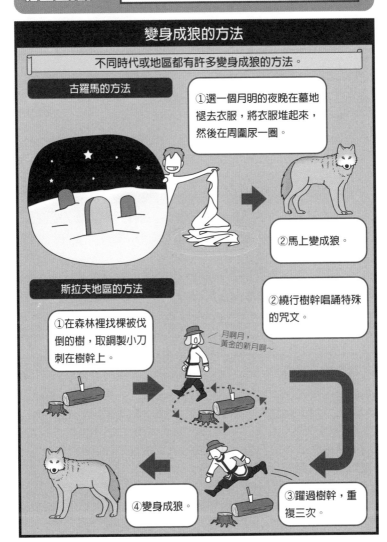

惡魔學者詮釋下的狼人魔法

獵女巫時代的眾家惡魔學者認為人類根本不可能變成動物，變身魔法全是惡魔所引起的幻覺。

●認為變身成動物實為惡魔所致幻象的惡魔學者

提到變身魔法，一般認為是人類變身成動物或狼的魔法，不過中世紀歐洲的眾家惡魔學者卻認為變身魔法非屬現實，而是透過某種特殊機制所引起的幻覺。

以變身魔法當中最令人戰慄的狼人魔法為例。狼人魔法是讓人類變成狼，夜裡徘徊於郊外等地攻擊人畜，最後再變回人類模樣的魔法。若是變身成狼的期間身體哪裡受了傷，變回人類模樣後也會在相同部位發現相同傷痕，這是狼人魔法最重要的特徵。

針對這個現象，惡魔學者們做出以下的解釋：能夠施行變身魔法的人便是與惡魔締有契約的女巫，而女巫們會在身體塗抹有致幻作用的特殊軟膏，讓自己覺得好像變成狼一樣；換句話說，女巫等於只是做了一場變身成動物、極為真實的夢而已。此時輪到惡魔出場，惡魔會到女巫夢中夢見的地方實際附於狼隻身上，攻擊人畜。倘若狼受了傷，惡魔就會在睡夢中的女巫身上留下一模一樣的傷痕，如此一來，任誰都會覺得是女巫變身成狼。還有另一個更費力的方法：惡魔會用空氣做成野獸的模樣罩在女巫身上，讓女巫看起來就跟變身成狼沒有兩樣。總而言之，他們認為女巫變身成狼這件事從頭到尾純屬惡魔所致的幻覺。

話說回來，為何當時的惡魔學者需要提供如此複雜的說明呢？理由很簡單，基督教的惡魔學基本立場就是認為人類根本不可能變身成其他動物，因為惡魔無力改變實體，唯有創造世界的神才擁有足以改變實體的神力。

惡魔學者詮釋下的狼人魔法

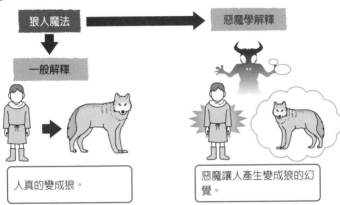

中世紀歐洲的惡魔學者主張變身成狼是惡魔所致的幻覺。

狼人魔法 ➡ 惡魔學解釋

一般解釋

人真的變成狼。

惡魔讓人產生變成狼的幻覺。

女巫所施展的狼人魔法機制

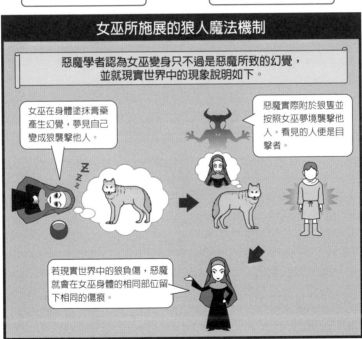

惡魔學者認為女巫變身只不過是惡魔所致的幻覺，
並就現實世界中的現象說明如下。

女巫在身體塗抹膏藥產生幻覺，夢見自己變成狼襲擊他人。

惡魔實際附於狼隻並按照女巫夢境襲擊他人。看見的人便是目擊者。

若現實世界中的狼負傷，惡魔就會在女巫身體的相同部位留下相同的傷痕。

歐洲的植物性春藥

歐洲有使用尤加利樹、月桂樹、仙客來、纈草、芫荽等植物的植物性春藥。

●從前在歐洲相當普遍的植物性春藥

歐洲有許多用來贏得異性愛戀的魔法，其中最常見的便是運用草或樹等來製作植物性春藥，使用的植物包括尤加利樹、月桂樹、仙客來、纈草、茉莉、番紅花、芫荽、蕨類、三色堇、萵苣等，形形色色五花八門。使用方法也大多較為簡單，通常都是磨成粉狀混入飲食，讓心儀的對象吃下去。其他的使用法包括藏在異性的房間裡、埋在對方經常會走過的地面，甚至是將春藥塗在對方住家的柱子上。

這些植物當中的**芫荽**是《一千零一夜》曾記載到的著名春藥，據說其使用方法如下：

調製春藥之前，首先要點燃油燈，以火鉢焚香，一邊唱誦「愛情的惡魔哈勃狄亞啊，以汝之名行此魔法」，一邊想著要奪取其芳心的那位異性，將心念集中於過去的回憶，好讓對方能對自己懷抱好感，內容必須是能讓對方對自己抱持好感的美好回憶才行。完成祈願後，準備開始調製春藥。

以聖杯盛裝蒸餾水，取7粒芫荽種籽置於研磨鉢中，專心想著對方的模樣，將種籽磨碎，重複唸出對方名字三次，接著唱誦咒文：「暖暖種籽，暖暖心。使彼此永遠不分離」。將磨好的粉末小心慎重地倒入聖杯中，就如同將自身願望傾注於其中一般。傾注全副意念，緊盯杯中看著粉末漸漸溶於水，唱誦最後的咒文「如我所願！」。伸出右手食指指向空中，在聖杯的上方劃三次十字，其後將溶液靜置12小時，用薄絲類的布過濾，加入對方的飲料或食物當中。據說只要將這春藥吃下肚，對方就會成為自己的俘虜。

植物性春藥
（歐洲）　➡　中世紀歐洲最普遍的愛情魔法。

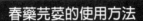
使用的植物有？

尤加利樹、月桂樹、仙客來、纈草、茉莉、番紅花、
芫荽、蕨類、三色堇、萵苣等。

春藥芫荽的使用方法

《一千零一夜》曾提及的著名春藥芫荽，使用方法如下：

①點燃油燈以火缽焚香，向愛情的惡魔哈勃狄亞祈禱。

②想著思慕的對象，心念集中於過去的回憶，好讓對方能對自己萌生愛意。

③將蒸餾水倒入聖杯，取七顆芫荽種籽放進研磨缽中。

④專心想著對方模樣的同時將種籽磨碎，重複唸出對方名字三次，將磨成的粉末倒入聖杯，唱誦「如我所願！」

⑤在聖杯上方劃三次十字。其後將水溶液放置12小時，以薄絲類的布過濾，偷偷放進對方的飲料或食物中即可。

用語解說

●芫荽（Coriander）→原產於地中海東部的芹科一年生草本植物，是人類自古便懂得食用的植物。

可怕的春藥曼陀羅根

人類自古便將曼陀羅根視為具有魔力的可怕植物，也是所有製作春藥的材料當中最為知名，別名「愛的蘋果」。

●關於曼陀羅根的可怕傳說

曼陀羅根（或名曼陀羅草Mandrake）是所有製作春藥的材料當中最出名的，別名「愛的蘋果」。從義大利直到小亞細亞的地中海沿岸地區都能採集這種有毒藥草，因含有類似毒品的致幻成分，其根部又分成兩股，整體看起來就像人類的形狀，更添詭異氛圍。

或許是因為這個緣故，曼陀羅根自古就被視為擁有魔力的可怕植物。中世紀德國著名的女性神祕學家**賓根的赫德嘉**曾說過：「曼陀羅根酷似人形，惡魔用來為非作歹、施奸計最適合不過了。」中世紀的歐洲人相信曼陀羅根都是從死刑臺底下發芽，並吸收從絞首死刑犯身體滴落的水分成長。

傳說曼陀羅根在拔出地面的瞬間會發出悽厲的尖叫聲，而聽到這個尖叫聲的人會立刻斃命。因此曼陀羅根非得按照以下做法採收不可：若找到曼陀羅根，要選在半夜採摘；必須事先在耳朵裡塞好蠟或棉花以確保聽不見任何聲音，再把根部附近的土壤給挖開，挖出根部後用繩子捆住，繩索的另一端繫在黑狗的脖子上，然後遠離此地，並朝黑狗看得見的地方丟肉片。

黑狗為了要吃肉，自然會拔腿奔跑將曼陀羅根連根拔起。這個時候曼陀羅根就會發出尖叫聲，黑狗一聽見就會當場死亡，最後只要將屍體埋在原地即可。

據說若將曼陀羅根用葡萄酒洗過放在小箱子裡，它就會告訴我們未來將會發生什麼事情，甚至還有能使不孕女性懷孕的功效。

可怕的春藥曼陀羅根

曼陀羅根 ➡ ・歐洲最有名的植物性春藥材料。
・別名「愛的蘋果」。
・有毒藥草，有類似毒品的致幻作用。

因為根部分成兩股，整體看起來就像個人形而受人畏懼。

如何取得曼陀羅根

曼陀羅根被拔起時會發出極悽厲的尖叫聲，任何人聽見都會當場斃命。因此想採曼陀羅根就必須按照下列方法。

①發現曼陀羅根，必須在半夜去採。

②耳朵裡塞蠟或棉花確保聽不見任何聲音，挖開根部周遭的地面。

③挖到根部後用繩子綁住，繩索另一頭繫住黑狗的脖子。

④從遠處朝黑狗看得見的地方丟肉片，狗追著肉一跑，曼陀羅根能連根拔起。這時曼陀羅根會發出尖叫，狗聽見尖叫聲後會當場斃命，再將黑狗就地掩埋即可。

用語解說

●**賓根的赫德嘉**（Hildegard of Bingen）→以神祕學著作為世所知，同時也被奉為德國的藥草學之祖。12世紀德國的女子修道院長。

No.028

歐洲的動物性春藥

歐洲的動物性春藥有的是用動物的心臟或肝臟，有的則是使用人體排泄的分泌物製成，大多很噁心。

●大多很噁心的動物性春藥

從前歐洲使用的春藥除了植物性以外，尚有動物性春藥。受異性愛戀是千萬人的想願，有許多這類魔法存在也是很自然的事情。

18世紀法國魔法書《大阿爾伯特的祕法》曾經記載以下這種方法：取鴿子心臟、麻雀肝臟、燕子子宮、野兔腎臟曬乾，加入少量自身鮮血再度曬乾，只要讓心儀的對象吃下，就能獲得對方的愛。

下面這種魔法也常見：只要拿狼皮裏住雲雀的右眼珠隨身帶著，便能受到當權者眷顧；若是摻入飲食讓女性吃下，就能得到那名女性的愛。再者，將長春花連同蚯蚓磨成粉，讓男女一同服下，兩人就會兩情相悅。

若是說到女性欲使男性聽任自己擺布的常用材料，就會有點令人冒冷汗了，因為材料就是從女性身體排泄出來的分泌物。

首先泡個熱水澡，大量出汗後取麵粉撒遍全身，待麵粉吸滿汗水後再用亞麻布擦拭身體，把麵粉挪到烤麵包用的盤子上。剪下手腳的指甲、頭髮與陰毛一同燒成灰，再摻在麵粉裡面，接著打顆生雞蛋攪拌均勻，放進烤箱烤成麵包，最後讓心儀的男性吃下。

另外，像女性的性器也經常作魔法用途使用。舉例來說，可以將捉到小魚放進陰戶悶死，磨成粉後讓愛慕的男性服用；或者是按賣家開價買下一隻黑母雞，活生生挖出母雞的心臟插入陰戶，再讓男性將雞心吃下。

動物性春藥
（歐洲）

➡ 通常比植物性春藥更噁心。

歐洲各種動物性春藥的處方

動物春藥種類極多，
其中不乏使用女性分泌物或女陰等令人不愉快的春藥。

鴿子心臟、
麻雀肝臟……

取鴿子心臟、麻雀肝臟、燕子子宮、野兔腎臟曬乾，再加些自身鮮血再度曬乾，讓喜歡的對象服下。

雲雀的右眼

狼皮

拿狼皮裹住雲雀的右眼珠隨身帶著，便能受到當權者眷顧。

長春花

蚯蚓

將長春花連同蚯蚓磨成粉，男女同時服用，就可以兩情相悅

女性虜獲男性的魔法

吸了汗水的麵粉

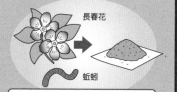

指甲或毛髮
燒成的灰

用泡熱水澡流出的大量汗水和著麵粉，再摻入指甲、頭髮、陰毛燒成的灰，烤成麵包給心儀的男性吃。

愛的蠟像

雖然同屬使用蠟像的魔法，卻可以因默禱內容的不同而從咒殺他人的術法，轉為得到異性愛慕的魔法。

●在愛情魔法當中同樣能發揮極大力量的蠟像

提到蠟像，相信許多人會立刻想起咒殺他人的黑魔法（請參照No.038），但蠟像的效果絕不僅止於此，蠟像魔法在意欲得到異性愛戀的時候也頗有功效。

藉蠟像獲得異性愛戀的方法百百種，舉其一例如下：

盡可能製做出與自己想要誘惑的女性一模一樣的蠟像。臉蛋五官自是不在話下，生殖器同樣也要細心製作。在蠟像胸口寫下該女性的名字：「○○（女性的名字）。○○（女性父親的名字）之女，○○（女性母親的名字）之女」，在蠟像背部重複寫一遍。寫好名字後，唱誦「神啊，請憑汝的意志讓○○之女，○○對我瘋狂地愛慕。」以確定這次施行魔法的目的。

接著找個目標女性經常會路過的地面挖個洞，小心翼翼將蠟像埋在洞中不要碰傷。靜置24小時後挖出蠟像，施洗禮三次；這三次洗禮必須依序以三位大天使米迦勒、加百列與拉斐爾之名施洗。

將蠟像浸在自己的尿裡面，再將其風乾，完成後小心保管蠟像。必要的時候在蠟像胸口插入全新未使用過的針，每插一針，該名女性心中的情愫就會被喚醒一次。

千萬要牢記的是，必須專心默禱自己的目的。即便同樣將寫有名字的蠟像丟入火中，也會因為心中唸禱的內容而有完全不同的結果；若默禱欲致對方於死地，蠟像融化殆盡之際便是對方斷氣之時；相反的若祈禱對方的心能如同蠟像般融化，那麼對方就會柔情萬千的愛上自己。

愛的蠟像

愛的蠟像 ➡ 利用蠟像獲得異性愛慕的魔法。

蠟像可以用於愛情魔法，也可用於詛咒魔法。

以蠟像獲得異性愛慕的方法

愛的蠟像魔法必須強力默禱自身願望，
再按照下列程序操作。

①盡可能製作與目標女性一模一樣的蠟像。

②在蠟像胸口與背後下女性的名字後，唱誦「神啊，請憑汝的意志讓○○之女，○○對我瘋狂地愛慕。」

③在該名女性經常路過的地面埋下蠟像，放置24小時。

④挖出蠟像，以大天使米迦勒、加百列、拉斐爾之名施洗三次。

⑤用自己的尿浸泡蠟像，風乾後保管。

⑥有需要時將蠟像取出，在胸口插入全新未使用過的針，喚性女性胸中的愛戀情愫。

愛情咒文

進入17～18世紀以後，歐洲開始流行遠比春藥更容易獲得愛情的魔法，而唱誦愛情咒文的魔法從此受到世人愛用。

●遠比調配春藥來得簡單的愛情魔法

從前中世紀歐洲只要講到能夠虜獲異性愛慕的魔法，一般指的都是使用春藥，但是後來愈來愈少使用春藥。因爲春藥就算調配成功，也很難讓目標對象不疑有他吃下肚。因此進入西元17～18世紀以後，歐洲便開始流行比春藥更簡單的魔法。

愛情咒文堪稱是這類較簡單的愛情魔法代表。

舉例來說，男性要追求女性時可以用「我來幫妳占星，看看妳將來會不會結婚」之類的藉口來接近對方，並趁機與對方四目交接，此時只要唱誦「卡非、卡西達、儂卡非拉與其子啊，爲彼身之所有而言語」，便能使該名女性聽命於己、任意擺布。

有些魔法則是要握著女性的手，唱誦「貝斯塔貝特誘惑女性之內在」，光是這樣就能讓女性爲自己神魂顛倒。

如果手頭有馬鞭草汁液的話，可以用這汁液搓揉雙手，再用手去觸碰目標男性或女性即可。

魔法書《所羅門王之鑰》裡面也有幾個能夠任意操縱異性的星陣圖護符，例如準備好金星的第四星陣圖，想要誰來就能立刻讓對方來找自己。

另外，據說只要將金星的第五星陣圖出示給別人看，對方就會對自己陷入瘋狂的愛戀。

愛情咒文

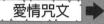 愛情咒文 ➡️ ・獲取異性愛戀的簡便魔法。
・比春藥更簡單，故受眾人喜愛。

超簡單的愛情咒文

使用愛情咒文操縱女性遠比使用春藥來得簡單。

我來幫妳占星。

①先用吸引女性的說詞接近對方。

卡非、卡西達、儂卡非拉與其子啊，為彼身之所有而言語。

②趁四目交接之際唱誦固定咒文。

據說只要這樣就能獲得女性的愛。

輕易獲得異性愛戀的所羅門王星陣圖

魔法書《所羅門王之鑰》中記載可輕易
操縱異性的星陣圖護符。

金星第四星陣圖

想要誰來就能
立刻讓對方來
找自己。

金星第五星陣圖

只要出示星陣
圖，便能讓對
方陷入瘋狂的
愛戀。

透明人魔法《所羅門王之鑰》

從前有變成透明人的魔法，這是為了逐行偷竊盜取，或對女性做猥藝行為等不法目的。

●為逐行調戲女性的猥藝目的而存在的黑魔法

透明人魔法在中世紀與近世歐洲極受歡迎，就連《所羅門王之鑰》這等魔法書也有介紹。變成透明人這件事聽起來好像動機很單純，實則不然，其真正目的不是想逐行偷盜之實不讓人發現，要不然就是想調戲女性，沒一個能登大雅之堂。所以變成透明人的術法也算是黑魔法的一種。

那麼要如何才能變成透明人呢？《所羅門王之鑰》的相關記載如下：

首先要在1月的土星日與土星時，用黃色的蠟製作男性的蠟像；製作蠟像時，要在皇冠底下頭頂部分用針刻下特殊的符號，另外再取青蛙皮寫下其他符號與文字，這裡所使用的青蛙皮，必須是事先自行宰殺剝下來的。然後找個洞窟，半夜12點在洞窟裡用自己的頭髮把蠟像給吊起來，並在蠟像底下焚香唱禱咒文。

「滅它多隆、摩洛克、貝洛特、諾托、威尼貝特、馬克。我透過蠟像向您祈禱。以神之名，憑著這些符號與字句，把我變成透明，阿門。」

最後再度焚香，完畢後把蠟像收入箱子裡，埋在地底。如果下次想要神不知鬼不覺地潛入某處，只要取出蠟像放在上衣的左邊口袋，如此唱誦：

「無論我去到哪裡，絕對不要離開，緊緊地跟隨著我。」

據說這時施術者就會馬上變成透明人，待達到目的、滿足慾望後，再將蠟像收回箱子埋進地底收藏即可。

透明人魔法《所羅門王之鑰》

透明人魔法 ➡ ・以偷竊或猥褻為目的的黑魔法。
・中世紀與近世歐洲極為盛行。

我要變成透明人盡蒐天下財寶與女人！嘻嘻嘻。

《所羅門王之鑰》的透明人魔法

《所羅門王之鑰》記載變成透明人的方法如下。

① 1月的土星日、土星時，用黃色的蠟製作男性蠟像

在皇冠下方蠟像頭頂處寫下這個符號。

②親手宰殺青蛙剝皮，書寫以下符號。

③半夜12點時用自己的頭髮把蠟像吊在洞窟的天花板上，唱誦特殊的咒文，其後將蠟像埋在地底。

④要使用時，取出蠟像放進上衣左邊口袋，唱誦「無論我去到哪裡，絕對不要離開，緊緊地跟隨著我」就能變透明。

No.032

透明人魔法《真正奧義書》

透明人魔法在歐洲人氣極高，18世紀羅馬出版的魔法書《真正奧義書》也曾介紹到使用死人顱骨變成透明人的方法。

●以死靈之力灌溉黑豆促其成長的黑魔法

雖說施行透明人魔法之目的不外乎遂行猥褻與犯罪，但18世紀羅馬出版的魔法書**《真正奧義書》**卻也有記載這種魔法。

這魔法是要借用死靈的力量，首先必須準備7顆黑豆與死人顱骨。準備好後，要趕在週三日出之前展開儀式。

首先分別在顱骨的口、雙眼、兩個鼻孔、左右兩耳的窟窿裡面分別放置1顆黑豆；在顱骨的額頭部位描繪指定圖形，臉部朝上埋進地底。之後每天要在黎明前來到此地，用上等的白蘭地和水灌溉。

每天這樣持續下去，到第八天時死靈就會出現問說：「你在這邊做什麼？」，這時要回答：「我在幫我的植物澆水」，死靈便會伸手要拿白蘭地酒瓶並說道：「給我，我自己來澆」，這時候絕對要拒絕。接著死靈會不死心地繼續要酒瓶，無論如何千萬要拒絕。這時候死靈就會親手取下顱骨，出示額頭部位的圖形，如果比對圖形與埋在地底的顱骨吻合無誤，那就可以將酒瓶交給死靈。倘若沒有先確認清楚，被其他死靈給欺騙，那麼先前做過的努力只能付諸流水，因此必須特別注意。

將白蘭地交給死靈以後，死靈就會自己拿酒往頭頂澆，施術者看著死靈澆完以後便可以回家。隔天，也就是儀式開始後的第九天，再度來到相同地方就會發現那裡已經長出1株豆子樹。將豆子採收下來，有需要時便取一粒含在口中，只要嘴裡含著豆子身體就會變成透明，沒人能看見。

透明人魔法《真正奧義書》

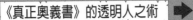

《真正奧義書》的透明人之術 ➡ 借死靈之力而行的黑魔法。

《真正奧義書》 ➡ 18世紀羅馬出版的魔法書。

《真正奧義書》記載變成透明人的方法

根據《真正奧義書》記載，按照以下方法就可以變成透明人。

 ①準備7顆黑豆和死人顱骨。

  ②分別在顱骨的口、雙眼、兩個鼻孔、左右兩耳的窪窿裡面放置1顆黑豆。在顱骨的額頭部位描繪指定圖形，臉部朝上，再埋進地底。

 ③每天黎明前來此地，並用上等的白蘭地和水灌溉。

 ④第八天死靈現身，必須先確認其額頭所繪圖形無誤後，再交出白蘭地。看著死靈拿白蘭地澆在自己頭上，然後回家。

  ⑤第九天來到相同地方就會發現有株豆子樹。採收豆子，只要嘴裡含著豆子身體就會變成透明。

用語解說

●《真正奧義書》（Grimorium Verum）→屬所羅門王系統的魔法書，據說是記載如何操縱地獄惡魔的黑魔法之書。

牛乳魔法

各種盜取他人財產的竊盜魔法當中，最普遍的當屬牛乳魔法，而這魔法也向來被視為女巫們的慣常惡行之一。

●盜取他人牛隻乳水的牛乳魔法

牛乳魔法是一種盜取他人財物的竊盜魔法。

打從很久以前，歐洲便一直認為魔法師肯定跟竊盜魔法有很深的關係。中世紀的歐洲人相信，魔法師或惡魔絕不能無中生有，他們都是靠著盜取他人財物才能過著寬裕的生活。獵女巫運動盛行的時代甚至認定竊盜魔法是女巫的諸多惡行之一。其次，中世紀歐洲農耕社會的人們認為世間財富有一定的極限，如果有人富裕，就代表有人變窮困；換個說法，富裕者就等同於是從某處偷盜來的。這也是為什麼在從前中世紀歐洲的農耕社會裡，較常人富裕者往往會招人投以異樣的眼光，並被懷疑可能是魔法師。

各種竊盜魔法當中，市井民間以牛乳魔法最為常見。每當自家飼養的牛病死或是不再分泌乳汁時，人們就會懷疑村子裡有誰用牛乳魔法偷走了他們家牛的奶水。

一般來說，施行牛乳魔法必須做以下儀式：首先，選個家中的角落坐下，雙腿膝蓋夾住水桶，拿小刀或斧頭插在牆壁或柱子上，然後召喚魔寵，唸禱道想要哪個人家的牛乳，接著將刀柄或斧柄當成牛的乳房開始擠壓，就會有牛奶從柄部緩緩流進桶子裡。

不過牛乳魔法卻也有個能夠捉出犯人的魔法可以抗衡：拿新的鍋子將牛奶煮沸，唸咒詢問誰是犯人，屆時頭一個出現在鍋子裡的人就是使用牛乳魔法的犯人。

牛乳魔法 ➡ 盜取他人財產的竊盜魔法之一。

農耕社會與竊盜魔法

中世紀歐洲的農民認為世間的財富有限度，若有人變富裕，
便是因為使用魔法從別處偷盜來的。

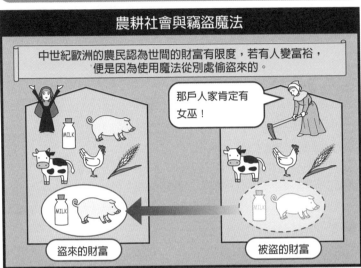

那戶人家肯定有女巫！

盜來的財富

被盜的財富

牛乳魔法的施行法

當時認為牛乳魔法的做法如下。

②取小刀或斧頭刺在柱子上。

④彷彿擠牛奶似的擠壓柄部。

③心裡想著某個特定人家裡的牛乳。

①雙腿間擺個桶子。

有牛奶從柄部流出。

No.034

奶油的竊盜魔法

對歐洲的農民來說，奶油跟牛乳同樣都是很重要的生產物資，因此偷奶油的竊盜魔法也被視為是邪惡的黑魔法。

●盜取歐洲人生活必需品的黑魔法

奶油跟牛奶同樣都是歐洲人飲食生活當中不可或缺的食物，也是農戶的重要生產物資。所以有盜取牛奶的魔法，自然也有偷奶油的魔法。

15世紀以獵女巫教戰手冊而聞名的《女巫之槌》就曾記述與惡魔締結契約的男性女巫使用魔法盜取奶油的場景。

5月某日，某個男子跟朋友步行來到草原，就在他們走到小河附近時，女巫問道：「你們想不想吃好吃的奶油啊？」，只見女巫脫掉衣服，走進牧草地的小河裡，背對上游往水流中蹲下去，同時不知道說了些什麼話，接著揮動雙手使勁把水往背後撥。轉眼間，就見到女巫從水中取出大量的奶油。在場者都吃了奶油，並稱道是品質極佳的美味奶油。

當然，如果光就那個場景而論的話，女巫從水中取出奶油看起來不像是偷的，但當時的惡魔學家卻不這麼解釋；他們認為將某物質變成另一種物質如此高等的技巧，除了神以外沒人辦得到，惡魔的力量頂多只能把他處的奶油搬過來而已。換句話說，在這同時其實有某個人的奶油被偷了，或是惡魔從牛隻身上盜取生乳，攪拌製成了奶油。

《女巫之槌》還寫到葡萄酒也有類似的竊盜魔法。魔法師需要葡萄酒時，只要半夜帶著空的容器出門就好，回來時容器內便已裝滿葡萄酒。

奶油的竊盜魔法

 奶油的竊盜魔法 ➡ 盜取農家奶油的黑魔法。

偷奶油的方法

據說魔法師（女巫）是用下面這個簡單的方法偷奶油。

①脫掉衣服走進小河裡，背向上游蹲入水中。

②唱誦咒文，雙臂使勁將水往背後撥。

③從水裡出來時，手中已經捧著大量的美味奶油。

奇怪？奶油消失了！

④乍看之下，魔法師像是用水製作奶油，實則不然，奶油是從他處農家裡偷來的。

葡萄酒的竊盜魔法

據說魔法師（女巫）是用下面這個簡單的方法偷葡萄酒。

魔法師需要葡萄酒時，只要半夜帶著空的容器出門就好，回來時容器內便已裝滿葡萄酒。

用語解說

● 《女巫之槌》（Malleus Maleficarum）→出版於1486年的惡魔學書籍，其後200年間成為僅次於聖經的大暢銷書，並且被當成獵女巫的教科書。

曼陀羅根的竊盜魔法

法國南部地區相信手中握有曼陀羅根的女巫會不斷奪取他人財富，讓自家富裕起來。

●奪取他人財富使自身富裕起來的曼陀羅根邪惡魔力

提到曼陀羅根，通常就是指根部分成兩股、看起來酷似人形的奇怪植物。歐洲傳說這種植物在被拔出地面時會發出奇怪的尖叫聲，聽聞者將會發狂而死。

不過曼陀羅根並不一定是植物，有時候也會採取老鼠、狐狸、松鼠、母山羊等小動物形體。

重要的是，曼陀羅根擁有各種神奇的魔法效果，無論它是採植物抑或小動物形體。法國南部地區常見的曼陀羅根竊盜魔法，便是一例。

這種竊盜魔法與牛乳魔法（請參照No.033）相同，都是奪取他人財富使自家富裕起來的魔法；不同的是以曼陀羅根施法的範圍並不僅限於牛乳或山羊乳，而是對各種財富都有效。

這種曼陀羅根固然有可能是因為某種幸運機緣而取得，不過人們相信絕大多數仍然是女巫透過某種方法而得到手。哪一戶人家只要獲得曼陀羅根，就會愈見富裕、愈來愈有錢，就算不下田耕作同樣也能獲得豐收；或是完全不去照顧牲畜，牲畜同樣也會繁衍興旺、分泌大量奶水。相反的，同村的其他戶人家就會毫無來由的作物歉收、牲畜或病或斃，因此失去許多財富。

於是村裡若是有誰家特別富裕，村人們就會開始嚼舌根議論說那戶人家肯定藏著曼陀羅根，破壞他人財產以獲得自身財富，最後結果往往都是被舉發指為女巫。

曼陀羅根的竊盜魔法 ➡ 能從他人手中盜取各種財富。

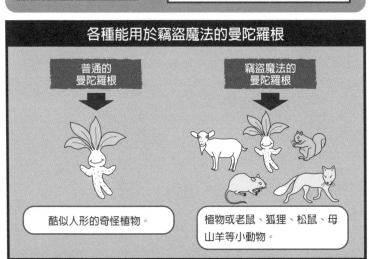

各種能用於竊盜魔法的曼陀羅根

普通的
曼陀羅根

竊盜魔法的
曼陀羅根

酷似人形的奇怪植物。

植物或老鼠、狐狸、松鼠、母
山羊等小動物。

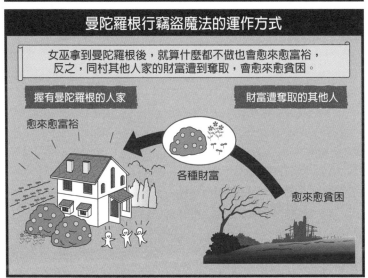

曼陀羅根行竊盜魔法的運作方式

女巫拿到曼陀羅根後，就算什麼都不做也會愈來愈富裕，
反之，同村其他人家的財富遭到奪取，會愈來愈貧困。

握有曼陀羅根的人家

財富遭奪取的其他人

愈來愈富裕

各種財富

愈來愈貧困

不孕魔法

不孕魔法是自古便有、相當普遍的黑魔法，據說能讓男性陽萎或無法射精，抑或使女性的陰戶閉鎖起來。

●以繩結或鎖頭剝奪他人的生殖能力

所謂的不孕魔法，就是剝奪他人的生殖能力，使其無法從事男女關係的黑魔法。

不孕魔法能讓男性陽萎或無法射精，或讓女性的陰戶進入閉鎖狀態。在獵女巫時代的歐洲，不孕魔法也是女巫的眾多惡行之一，但事實上不孕魔法是早在獵女巫時代很久以前便已經存在的黑魔法。

這種魔法的做法非常簡單，拿緞帶、絲線或皮繩等打成繩結，放進目標男子的床舖、枕頭或者坐墊底下即可，這樣便能使受詛咒者無法從事正常的男女關係。根據**惡魔學家博丹**調查，製作繩結的方法視目的而異，端看是要讓人無法性交還是無法生殖，只詛咒對象本人抑或連同其配偶一併詛咒等，共有超過50種不同的打繩結方法。但只要找到藏在某處的緞帶繩索，解開繩結後，詛咒自然就會解開。

其他還有使用鎖頭使人不孕的方法：將鎖頭鎖起，跟鎖匙分別藏起來。當然，只要找到鎖頭和鎖匙解開鎖頭，詛咒也會跟著解開。

遭人施以不孕魔法者將會在身體某處形成腫瘤，這個腫瘤便代表著那個本該受孕出生的孩子。

中世紀歐洲原則上禁止離婚，不過遭施魔法而變成性無能的男性卻可以跟妻子離婚，不孕魔法往往會變成解除不愉快婚姻關係的藉口。也就是說，那些有了新的愛人而厭倦舊妻的男性，或是遲遲無後繼者的王公貴族們，都會主張自己是遭人施以不孕魔法而無法有正常的男女關係。

不孕魔法

不孕魔法 ➡ 以魔法使目標男女變成性無能。

自古便有的黑魔法。

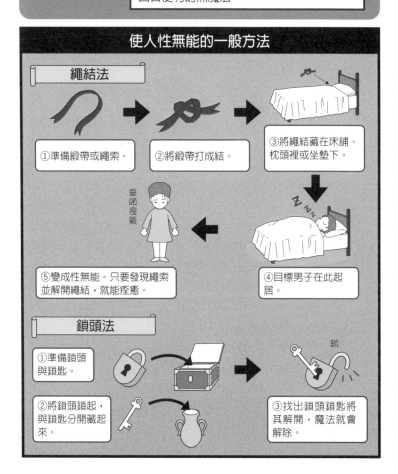

使人性無能的一般方法

繩結法

①準備緞帶或繩索。

②將緞帶打成結。

③將繩結藏在床舖、枕頭裡或坐墊下。

垂頭喪氣

⑤變成性無能。只要發現繩索並解開繩結，就能痊癒。

④目標男子在此起居。

鎖頭法

①準備鎖頭與鎖匙。

②將鎖頭鎖起，與鎖匙分開藏起來。

鎖

③找出鎖頭鎖匙將其解開，魔法就會解除。

用語解說

●惡魔學家博丹→讓‧博丹（Jean Bodin），16世紀末法國的著名人文學家，1580年刊行著名的女巫學著作《女巫之槌》，對其評價有相當大的損傷。

女巫的繩梯

女巫的繩梯就是只要準備一條繩索打幾個繩結，就能讓牛隻乳汁分泌變差，甚至還能咒殺他人的黑魔法。

●絞首咒殺仇敵的不祥繩結魔法

「女巫的繩梯」是繩結魔法的一種，是歐洲女巫想讓牛隻乳汁分泌減產，或是想咒殺仇敵時使用的黑魔法。

做法非常簡單，首先準備一條繩索，打幾個繩結，繩結的數目基本上以9個或13個爲準，不過各家做法不同，有些方法甚至必須多達40個繩結。

打繩結時必須清楚的將自身願望唸出聲來，例如「讓○○去死」或是「讓○○的牛擠不出奶」，打好繩結以後將繩索埋在仇敵家門口、床舖底下、牛舍裡面或牛舍附近。如此一來，仇敵的脖子就會如同繩結般愈絞愈緊，終至死亡；或是牛舖中的牛隻乳頭彷彿被打結鎖住，漸漸擠不出牛奶。

不過這魔法還是有解除的方法：遭施法以後儘快找出繩索，解開繩結即可，魔法的力量便會隨之解除。

有些「女巫的繩梯」在製作時，會在繩結的部分多綁上雞毛，像這種綁著雞毛的「女巫的繩梯」便喚作「女巫的花圈」；製作方法除另行綁上雞毛以外跟「女巫的繩梯」全無二致，效果也相同。

1887年英國索美塞特郡威靈頓在拆除某個傳說女巫居住過的房屋時，就曾經在天花板發現「女巫的花圈」，據說當時還在閣樓裡面發現了被認爲是女巫作爲飛行道具使用的四支掃帚與扶手搖椅。

女巫的繩梯 ➡ ・繩結魔法的一種。
・讓牛乳分泌不佳的黑魔法。
・絞殺仇人的黑魔法。

女巫繩梯的製作與使用方法

傳說能絞殺仇敵的女巫繩梯製作方式如下。

①準備繩索打結，打結的時候要清楚將自己的願望唸出來，如「讓○○去死」。繩結數目基本上以9個或13個為準。

②將打好繩結的繩索埋在仇敵家門口等處。

如此一來，仇敵的脖子就會如同繩結般愈絞愈緊，終至死亡。

繩結處綁上羽毛的「女巫的花圈」

繩結處另行綁上羽毛的「女巫的繩梯」則喚作「女巫的花圈」，製作與使用方法完全相同。

咒殺的蠟像

蠟像是歐洲詛咒他人最常用的道具，而詛咒目標大多是那些活在權力鬥爭之中的王公貴族。

●最普遍的咒殺法──蠟像魔法

在歐洲對他人施以詛咒時，最常使用的道具便是蠟像，尤其是中世紀到文藝復興的這段期間，那些每日活在權力鬥爭當中的王公貴族們，最容易成爲蠟像詛咒魔法的目標。除了蠟像以外，歐洲也有使用黏土人偶來施以詛咒，這也是源自於相同的發想。首先第一件事就是要盡可能地製作與詛咒對象酷似的人偶雕像，做得愈像或是把對方毛髮、指甲等身體一部分揉進人偶裡，效果就會愈大。若是想要引起某個特定部位的病痛，就可以用鐵刺、鐵針、鐵釘等戳刺，或是削下人偶的特定身體部位放火燒掉。

若是拿針刺進心臟部位，或把整個蠟像融掉，對方就會斃命。若是想要給對方造成持續性的長期痛苦，只要把針刺或火烤過的蠟像給埋藏起來，便能使對方痛苦不已，直到找到蠟像爲止。16世紀的人相信，其效果可以持續長達約2年之久。

如果使用的是黏土人偶而非蠟像，使用的材料大多都很邪惡而恐怖，例如拿新下葬墓地的泥土、男女骨骸燒成的骨灰和黑蜘蛛加水捏成土偶。

根據弗雷德・格丁斯（Fred Gettings）《神祕學事典》記載，某部魔法書記載使用蠟像咒殺法必須在適當的日期時間製作蠟像，並在青蛙皮或蟾蜍皮上面繪製魔法印記、用蛙皮裹住特殊的咒文，半夜用自己的頭髮吊在洞窟裡面。

無論如何，使用蠟像施行魔法時務必要將願望大聲說出來，或以強烈的意志祈念，因爲蠟像即可以用來咒殺對方，也可以用在搏得對方愛戀的魔法上。

咒殺的蠟像

 蠟像 → ・歐洲最普遍的咒殺道具。
・王公貴族往往會成為咒殺目標。

使用泥土人偶也不少。

咒殺蠟像的製作方法與使用方法

以蠟像詛咒他人的方法如下。

 ①製作與詛咒對象相似的蠟像，若能摻入對方的毛髮或指甲等，效果將會倍增。

 ②如果要殺死對方，必須專心念禱，同時將鐵釘打入蠟像心臟，或將蠟像整個燒毀。

 ③若想給對方造成持續性的痛苦，就要破壞蠟像並埋藏起來，對方在找到蠟像之前都會痛苦不已。

泥土人偶的材料

詛咒用泥土人偶必須以邪惡而恐怖的材料製作。

 新墓的填土。

男女的骨灰。　黑蜘蛛。

 和水搓揉。

 製成泥土人偶。

天候魔法

可任意操縱氣候、召喚冰雹、暴風、豪雨的天候魔法，會對以農業為中心的生活造成重大危機，導致社會動蕩不安。

●透過惡劣天候引發社會不安的黑魔法

所謂的天候魔法就是任意操縱氣候，召喚暴風、豪雨或冰雹，造成大眾困擾的黑魔法。從前天候不順時會對以農業為中心的生活帶來極大危機，並引起劇烈的社會動蕩不安。中世紀歐洲便有許多人因此被冠上操縱天候魔法的女巫罪名而遭處極刑。

從前行使天候魔法有各種不同的做法。以德國萊茵地區最終遭處火刑的女巫為例，這位女巫平時便遭眾人厭惡排擠，她看到某天村裡舉辦婚事，到處喜氣洋洋，唯獨自己一人孤伶伶，心裡氣憤不平，於是女巫便召喚惡魔，讓惡魔將自己帶到可以俯瞰全村的山丘上。女巫在那山丘挖了個小坑，尿在坑裡並用手指攪拌，再由惡魔將那尿帶到天空中，變成刮有冰雹的暴風襲擊村子，破壞村裡的歡樂氣氛。

1590～1592年間的「**北貝里克女巫審判**」事件中的天候魔法更為恐怖。1589年，英格蘭國王詹姆斯一世與丹麥女王安妮訂婚，女王曾經數度乘船航向英格蘭，卻都受阻於暴風雨。當時判斷為女巫所為，於是便召開審判。根據經過嚴刑拷打而自白的女巫表示，原來當時眾女巫正在舉行規模達百人的集會，並替一隻貓咪施再洗禮。她們在貓咪身體的各個部位黏上已經死亡的男性重要部位和許多肉塊，最後把貓丟進海裡，才喚來了暴風雨。

當時的女巫審判記錄裡面還有記載到其他召喚惡劣天候的魔法儀式，諸如將打火石高舉過左肩擲向西方、揮舞沾濕的掃帚、取去勢公豬的硬毛來煮、在乾涸的河床擺放木杖等方式。

天候魔法

天候魔法 ➡ 召喚暴風、豪雨、冰雹等惡劣氣候的黑魔法。

引起落雷

引起暴風

引起冰雹

引起暴雨

下雨吧！

魔法　　女巫

中世紀歐洲相信以天候魔法為害者便是女巫。

在惡魔的協助下召喚冰雹

據說德國萊茵地區曾有女巫以下列方法召喚冰雹。

女巫

惡魔

①召喚惡魔將自己帶到俯瞰全村的山丘上。

②挖坑尿尿，並用手指攪拌。

③惡魔將尿送到空中變成強烈冰雹，直擊村子。

村人期待已久的婚禮全泡湯了。

用語解說

●北貝里克女巫審判（North Berwick witch trials）→蘇格蘭女巫審判史上以拷打用刑最殘酷而聞名的女巫審判事件。

操風魔法

操風魔法是能夠興起暴風，使風勢止息的魔法，不只是居住於陸地的農民深感恐懼，靠出海討生活的船員更是極度畏懼。

●左右船員生死的風系黑魔法

操風魔法屬於天候魔法的一種，是能夠興起暴風或使風勢止息的魔法。操風魔法對陸地居民的影響自然是不在話下，出海討生活的船員更是畏懼之甚。對船員來說，暴風固然可怕，但沒風卻也會讓人傷透腦筋，而陸地上的人遲遲等不到船來也會是個問題。

舉例來說，**君士坦丁大帝**時代的君士坦丁堡便曾經有個名叫蘇帕忒爾的人，因用魔法止住風勢的罪名而遭處死刑。其實這是因為定期從埃及與敘利亞開往君士坦丁堡的穀物船困在海上無法前進，瀕臨餓死的民眾騷動起來說是魔法師故意止住了風勢，或是故意造成逆風阻撓。

各種操縱風勢的方法當中，以繩結法較為有名。這是芬蘭魔法師用的方法：拿繩索掛在風車的葉片上、打3個繩結，把風鎖在繩結中；第1個繩結鎖的是適度的風勢，第2個繩結鎖的是強風，第3個繩結鎖的則是暴風，解開就會有暴風發生。因此芬蘭的船員們從以前就有個習慣，每當沒風犯愁的時候就會去跟魔法師買風。

可以想像的是，操風魔法能在船隻海戰中發揮出極大效用。據說1653年瑞典國王就曾經將4位女巫編入自國船隊，藉此與丹麥開戰。

芬蘭魔法師操縱的風不僅讓船員傷腦筋，對愛沙尼亞的農民也造成了很大的威脅；原來愛沙尼亞的農民們相信他們就是因為芬蘭魔法師送來的風勢而出現了瘧疾與風濕等症狀。

操風魔法 ➡️ 能興起暴風或使風勢止息的黑魔法。

破壞田地、讓船隻失去動力，對船員、商人、農民與市民造成很大損失

芬蘭的操風魔法

芬蘭魔法師的操風魔法使用的是繩結法，方法如下。

①取繩索綁在風車葉片末端、打3個繩結，把風鎖在繩結中。

②第1個繩結鎖的是適度的風，第2個繩結鎖的是強風，第3個繩結鎖的是暴風，解開第3個繩結就會興起狂風。

芬蘭的船員無風可航行時，就會去找魔法師去買風。

海戰中同樣有用的操風魔法

人們相信操風魔法對海戰亦有幫助，於是1653年瑞典國王便在自國船隊中編制了4位女巫，準備與丹麥開戰。

用語解說

●君士坦丁大帝（Constantine the Great）→羅馬帝國皇帝（在位306～337年）。統一原已分裂成東西兩側的羅馬帝國，遷都君士坦丁堡（拜占庭）。

惡魔附身

與惡魔締結契約變成女巫的人可以委託魔王撒旦派遣各種惡魔去攻擊他人，引起惡魔附身的現象。

●女巫委託撒旦造成惡魔附身現象

所謂的惡魔附身，就是指惡魔寄附於某人、某物、某場所的現象。這個現象在相信世間有惡魔存在的地區一點也不罕見，每每遇到原因不明的疾病、瘋狂、混亂與不幸，人們往往會將原因歸咎於惡魔。只不過尋常的惡魔附身大多都是惡魔由著自身的意志去附身在人類的身上，而並非他人的黑魔法所導致。

在歐洲，因為黑魔法所引起的惡魔附身則是以16～17世紀獵女巫時代發生最為頻繁。當時相信與惡魔締結契約變成的女巫，可以委託魔王撒旦派遣各種惡魔去攻擊他人，引起惡魔附身的現象。換句話說，只要是與惡魔締結契約的女巫，便能夠行使讓惡魔附身他人的黑魔法。

當時相信女巫在遣送惡魔攻擊他人時，會使用有形的物體作為媒介。最常用的媒介當屬食物，特別是蘋果。17世紀的惡魔學家**亨利‧波揆**就主張遣送惡魔攻擊他人時，最適合的食物就是蘋果，因為蘋果最方便讓惡魔躲藏，而且不容易被對方發現。同時代發生於法國**盧丹**的惡魔附身事件當中，惡魔就是寄附於主任祭司格朗迪埃神父丟進女子修道院牆壁裡的那束玫瑰花裡面。

遭惡魔附身的人會如何呢？當時惡魔學家們所舉出的惡魔附身症狀包括：口吐猥褻冒瀆的字眼、行為猥褻、曝露身體、口吐鐵釘或石子等不尋常的物品、畏懼聖物或聖蹟、發出動物般的聲音或舉止等。

惡魔附身

 惡魔附身 ➡ 惡魔附身於人、物、場所的現象。

與惡魔締結契約的女巫可委託惡魔造成惡魔附身。

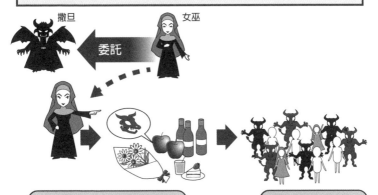

撒旦　　　　　　　　女巫

委託

讓惡魔潛伏於葡萄酒或花束送給他人，尤以蘋果最為理想。

惡魔從禮物中現身，附於對方身上。

惡魔學家所指的惡魔附身症狀

· 認為自己遭惡魔附身。
· 生活不檢點。
· 疾病不斷，經常昏睡。
· 經常受鬼神所擾。
· 口吐猥褻或冒瀆的話語。
· 行為猥褻，曝露身體。
· 口吐鐵釘、鉚釘、鐵石等不尋常物體。

· 畏懼聖物與聖蹟。
· 樣貌變得奇怪而恐怖。
· 聲音舉止有如動物。
· 性格凶暴、有暴力傾向。
· 有厭世傾向。
· 會在發作後失去記憶。

用語解說

●亨利·波揆（Henry Bouquet）→活躍於7世紀的法國惡魔學家，以女巫學著作《女巫論》而聞名。
●盧丹（Loudun）→以17世紀前期發生的史上最著名惡魔附身事件而聞名的城鎮。當時有大批修女遭惡魔附身，格朗迪埃神父則以犯人身分遭到處刑。

驅使魔寵的黑魔法

女巫與惡魔締結契約後可以獲得貌似小型寵物的魔寵，供其在施行黑魔法時作為爪牙利用。

●透過貌似寵物的魔寵去做壞事

中世紀至近世的歐洲人相信，與惡魔簽下契約以後，惡魔就會賜予女巫階級較低的小惡魔，也就是所謂的魔寵，有時亦稱「魔精」（Imp）。

女巫可以將魔寵當作爪牙使用，對人畜施行魔法或咒殺，不過相反的也必須用自身的鮮血餵養魔寵作為報償，因此飼養魔寵本身就屬於一種黑魔法。

魔寵吸吮女巫鮮血的部位，稱為「女巫之印」。每個人身體的某個地方難免都有痣或疣之類的突起物，當時相信這些突起物便是「女巫之印」，就相當於一個小小的乳頭；而「女巫之印」的存在，便是身為女巫的證據。

魔寵多採貓、狗、山羊、公牛、蟾蜍、貓頭鷹或老鼠等隨處可見的日常動物形態。雖然是採動物形態，但魔寵始終有別於變身成動物的惡魔。

女巫必定擁有魔寵在當時的歐洲已成定論，因此有無魔寵在女巫審判中自然也就成了一個很重要的判別基準。倘若女巫嫌疑者有飼養貓狗，就會被判定為女巫；倘若沒有養貓狗，那飛過來爬過來的蒼蠅或蟑螂也會被認定為魔寵。

據說魔寵對女巫來說就跟寵物沒兩樣，女巫審判的紀錄顯示有許多女巫都曾經飼養複數魔寵，並給牠們取名字。以17世紀獵女巫運動的犧牲者伊利莎白・克拉克為例，她就養了小貓霍特、胖胖的西班牙獵犬賈馬拉、灰狗維涅加、黑兔薩肯修格和鼬鼠紐茲。

魔寵的黑魔法

 魔寵 ➡ 女巫與惡魔締結契約時得到的小動物。

 施行黑魔法可作為爪牙利用

 ➡ 按照女巫命令四處活動，做各種壞事。

· 女巫會比照寵物來照顧魔寵。

· 若魔寵完成命令，女巫就會以自身鮮血餵養以示嘉獎。

受女巫重視的魔寵種類

魔寵通常是化為日常隨處可見的動物模樣。

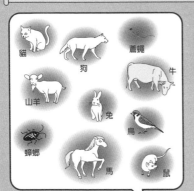

貓　狗　蒼蠅　牛　山羊　兔　鳥　蟑螂　馬　鼠

 這些都是我可愛的魔寵唷！

女巫獵人瑪賓．霍普金斯著書《女巫的發現》（1647年）書冊插畫，畫的是他定罪的女巫伊利莎白．克拉克當時飼養的眾多魔寵。

女巫的軟膏

憑著以油為主要成分所製成的軟膏，與惡魔締結契約的女巫便可以騰空飛翔、變身成動物，甚至用來殺人。

●將飛行與變身化為可能的女巫軟膏

中世紀歐洲人相信與惡魔締結契約的女巫可以靠著以油為主要成分的軟膏來施行黑魔法。使用這個軟膏，女巫就能騰空飛翔、變身成為動物，甚至用來殺人。

軟膏的材料十分多樣，不過經常會用到嬰兒脂肪、蝙蝠血之類的駭人材料，或是添加有致幻作用的麻藥毒物。舉例來說，能夠引起惡魔附身現象的軟膏是使用「聖體、聖別過的葡萄酒、磨成粉的山羊、人骨、孩童顱骨、毛髮、指甲、肉、魔法師的精液、鵝的雛鳥、母鼠、腦」等物；殺人用軟膏使用「毒蘿蔔、烏頭的汁液、白楊葉、煤、毒芹、菖蒲、蝙蝠血、嬰兒脂肪」等物；飛行用的則使用「從墓裡挖出來的孩童脂肪、洋芹、烏頭、莓葉委陵菜*的汁液」等。

當初相信女巫會將這些材料全部投入大鐵鍋中長時間熬煮。若要騰空飛行，便將軟膏塗遍全身上下，連同飛行騎的掃帚也要塗抹，女巫就能變身成動物的模樣、騎著掃帚騰空飛翔。

進入15世紀後，歐洲絕大多數的惡魔學者卻開始懷疑女巫的軟膏是否真有那種可以變身或是飛行的實質力量。惡魔學者讓·尼諾爾德（Jean de Nynauld）在《狼化與女巫》（1615年）裡面寫到，無論惡魔的力量再強大終究不是神，無法改變事物的本質，所以惡魔無法使人類變身成動物，也無法將靈魂抽離肉體，再重新將靈魂安回去。既然如此，女巫為何主張自己確實有過如此體驗呢？他認為那是惡魔利用幻覺迷惑女巫感官所致。

* 見P.217頁No.043注釋

女巫的軟膏 ➡ 女巫用來飛行、變身、殺人的邪惡膏藥。

軟膏的目的與材料

軟膏經常會用到許多嬰兒脂肪之類的邪惡材料
和有致幻作用的麻藥毒物類。

惡魔附身用軟膏

聖體、磨成粉的山羊、孩童
顱骨、毛髮、指甲、肉、鵝
的雛鳥、母鼠、腦等物。

殺人用軟膏

毒蘿蔔、烏頭的汁液、白楊葉、毒芹、蝙蝠血、
嬰兒脂肪等物。

飛行用軟膏

從墓裡挖出來的孩童脂肪、
洋芹、烏頭、莓葉委陵菜汁
液等物。

當時認為女巫
會用大鐵鍋熬
煮製作軟膏。

15世紀惡魔學者的推想

女巫的軟膏 ➡ 引起幻覺。

軟膏　　　　　　魔女

幻覺

惡魔學者認為女巫拿軟膏塗抹身體產生幻覺，將夢
境誤認為現實。

轉移災厄的魔法

對遭轉嫁的人來說，這種將諸多災厄轉移到其他人物、動物或物體的魔法是最名符其實的黑魔法。

●損人利己的黑魔法

所謂轉移災厄的魔法，便是將疾病、災厄、罪衍等重擔從某人身上轉移到其他人物、動物或物體上的魔法。對擺脫重擔得到解放的人來說，這或許是個討喜的白魔法，但對被迫扛下這重擔的人來說，卻成了徹徹底底的黑魔法。

轉移災厄的方法會因為災厄的種類或所在地區不同而異。

譬如發燒就可以用下列的方法轉移給別人：羅馬人會剪下患者的指甲，將指甲屑跟蠟和在一起，日出之前將蠟團黏在鄰家的門板上，如此一來高燒就會轉移到鄰居的身上；希臘人在使用相同的魔法時，還會特地將蠟塊捏成蠟人的形狀。奧克尼群島*會用冷水沖洗發燒患者的身體，再將這水撒在家門口，熱病就會轉移到第一個路過家門口的人，同時患者就會退燒。

德國巴伐利亞發燒的患者會在紙上寫下「高燒速速退去！我留守！」，隨手塞進附近人的口袋裡，這樣高燒就會轉移，患者的高燒就會退去。波希米亞的發燒患者則是會拿空的壺走到路口往地面摔，並立刻頭也不回地逃跑離開，這時第一個踢到這壺的人就會發燒，而原本的患者就會痊癒。

從前長疣的患者如果想把疣轉移給他人，就會使用以下這種魔法：首先準備數量與疣相同的小石子，拿這些石頭去磨擦疣，然後用常春藤的葉子包裹、棄置路旁；最後總會有個人把它撿走，屆時原患者身上的疣就會消失，轉移到撿起石頭的那個人身上。

* 見P.218頁No.044注釋

轉移災厄的魔法

| 轉移災厄的魔法 | ➡ | 將疾病與不幸轉嫁予他人的魔法。 |

⬇

對遭轉嫁者而言是可怕的黑魔法

各種轉移災厄的魔法

轉移災厄魔法各有不同，因地而異。

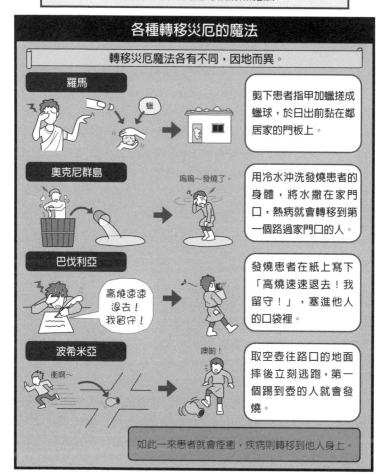

羅馬

剪下患者指甲加蠟搓成蠟球，於日出前黏在鄰居家的門板上。

奧克尼群島

嗚嗚～發燒了。

用冷水沖洗發燒患者的身體，將水撒在家門口，熱病就會轉移到第一個路過家門口的人。

巴伐利亞

高燒速速退去！我留守！

發燒患者在紙上寫下「高燒速速退去！我留守！」，塞進他人的口袋裡。

波希米亞

噢啾！

衝啊～

取空壺往路口的地面摔後立刻逃跑，第一個踢到壺的人就會發燒。

如此一來患者就會痊癒，疾病則轉移到他人身上。

No.045

光榮之手

光榮之手是樑上君子專用的魔法道具，只要在闖空門前點燃蠟燭便能任意偷盜。

●令人毛骨悚然的偷盜專用魔法道具

光榮之手是流傳於歐洲的一種小偷專用魔法道具。它是種燭台，使用方法是要在光榮之手的指頭間插蠟燭點火，看到那燭火的人就會如同屍體一般完全動彈不得；或是只要蠟燭沒有熄滅，該戶人家就絕對不會從睡夢中醒轉；抑或是點燃燭火就可以讓自己變成透明人。因此，只要在進他人家前點燃光榮之手，便可以放膽地任意盜竊。

但光榮之手其實是砍下絞刑死者的手所製成的恐怖物品，也因此更加地遭人忌避。根據18世紀初出版的魔法書《**小阿爾伯特**》（小阿爾伯特自然喀巴拉魔法的驚奇祕密儀式），其製作方法如下：

首先趁絞首死刑犯還吊在絞刑台上時將其手腕砍下，千萬記得把血擠乾淨，用埋葬布把手包裹起來；其次將手腕放進土器中，以硝石、鹽巴、胡椒等磨成粉末醃漬15天；接著將手掌取出，於天狼星隨著太陽升起的酷熱時間將其徹底曬乾；倘若日照不夠，也可以把手掌放進以蕨類和馬鞭草加熱的灶裡烘乾。至於乾燥過程中取得的油脂，則必須與全新的蠟，產自拉普蘭*的芝麻混合製成數支蠟燭。依以上步驟製作得來的便是光榮之手。

然而，據說只要在住家門口地板等盜賊可能入侵的場所事先塗抹以黑貓膽汁、白雞脂肪、貓頭鷹鮮血混合製成的軟膏，便能抵消「光榮之手」的效果。除此以外，據說「光榮之手」的燭火無論是用水或啤酒都澆不熄，卻可以用牛奶澆熄。

*見P.218頁No.045注釋

光榮之手

 光榮之手 ➡ 小偷專用燭台型魔法道具。

 光榮之手

定格 看見燭火的瞬間便無法動彈。

只要蠟燭未熄，
住民就不會從睡夢中醒轉。

 點燃蠟燭
就會變成透明人。

光榮之手的製作方法

光榮之手是砍下絞刑死者的手所製成的恐怖物品。

①砍下絞刑死刑犯的手，把血榨乾。

罪犯的手。

硝石、鹽巴、
胡椒。

②以硝石、鹽巴、胡椒等磨成粉末醃漬15日。

③選擇酷熱時節將其徹底曬乾。

完成

日曬法將其曬乾。

完成！

● 《小阿爾伯特》（*Petit Albert*）→這本書是取意於中世紀偉大學者大阿爾伯特所著《大阿爾伯特》的著作，據說其作者是阿爾伯圖斯・帕弗斯・盧休斯（Albertus Parvus Lucius）。

No.046

製作魔彈

所謂魔彈就是指能夠確實擊殺躲藏在掩蔽物後方敵人的魔法子彈或箭矢，據說射擊聖基督像便可以製作魔彈。

●可擊殺躲藏者的魔法箭矢與子彈

所謂的魔彈就是指某種據說可以擊殺躲藏在掩蔽物後方敵人的魔法子彈。其實除子彈以外，同樣也有魔法箭矢的說法流傳。

赫赫有名的獵女巫教戰手冊《女巫之槌》也有記載如何製作絕不落空的箭矢。首先必須要在聖週五（復活節前的週五）的莊嚴彌撒中以弓箭射擊基督的受刑像，再向惡魔立誓說要捨棄基督教。需要幾枝箭矢，就要以同樣程序射擊基督像。從結果來說，射手重複操作的次數，也就等於保證可以擊殺的人數。只不過使用魔彈還有兩個必要條件：使用前必須先以肉眼確認擊殺目標，而且必須集中全部的身心靈進行擊殺。使用子彈也是同樣的方式，《女巫之槌》也有記載魔法子彈的說法。據其所載，從前萊茵地方的君主埃伯哈德鬍鬚王*包圍某個城堡時，有個會使用魔彈的士兵名叫普加，他每天都能確實射殺守城的衛兵；普加每天都能發射三發魔彈，據說那是因為他每天都朝基督像射擊三次的緣故。

1821年德國上演卡爾·馬利亞·馮·韋伯的歌劇《魔彈射手》也是個講述可怕魔彈的故事。劇中主角馬克斯（Max）無論如何必須要在射擊大會當中獲得優勝，才能獲得森林守護官的職位，此時恰巧有個名叫卡斯帕（Kaspar）的流氓獵人出現，慫恿馬克斯使用魔彈。兩人於是便出發前往恐怖的狼谷召喚惡魔，並且在惡魔的協助之下鑄造魔彈。鑄成的魔彈總共有七發，其中六發是百發百中的魔彈，剩下的一發則是惡魔可以任意操縱的魔彈。

＊見P.218頁No.046注釋

製作魔彈

 何謂魔彈？ ➡ 百發百中的魔法子彈或箭矢。

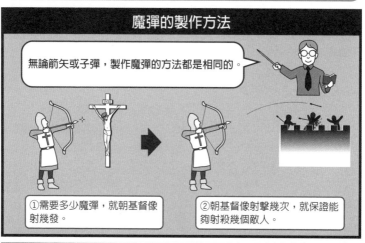

魔彈的製作方法

無論箭矢或子彈，製作魔彈的方法都是相同的。

①需要多少魔彈，就朝基督像射幾發。

②朝基督像射擊幾次，就保證能夠射殺幾個敵人。

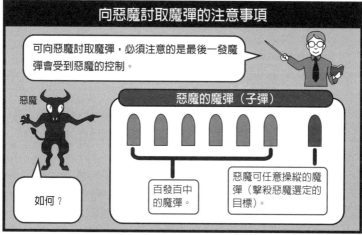

向惡魔討取魔彈的注意事項

可向惡魔討取魔彈，必須注意的是最後一發魔彈會受到惡魔的控制。

惡魔

如何？

惡魔的魔彈（子彈）

百發百中的魔彈。

惡魔可任意操縱的魔彈（擊殺惡魔選定的目標）。

用語解說

●卡爾‧馬利亞‧馮‧韋伯（Carl Maria von Weber）→1786～1826年。德國浪漫派初期作曲家，其他還有歌劇《奧伯龍》、器樂曲《邀舞》等作品。

女巫的邪眼

天生有雙邪眼的人或是與惡魔締結契約的女巫們只要看一眼，便能使對方陷入不幸。

●全世界都畏懼的原始黑魔法

所謂邪眼就是指擁有邪惡影響力的人眼或視線，以該視線一瞥便能使對方陷入不幸的黑魔法。此外，亦有說法指出擁有邪眼的人，只要輕輕一碰便能使人獸致死。

邪眼者有很多並非是意圖取得，而是與生俱來的，因此有許多人是在不自覺的狀況下令他人產生不幸，不過歐洲女巫的邪眼就不同了。

獵女巫時代的歐洲相信，與惡魔締結契約的女巫只要以懷有惡意的視線指向他人，便能使人陷入諸如失戀、罹病、意外、貧窮、死亡等各種不幸之中，而許多女巫都是以利用邪眼造成災厄的罪名遭處以死刑。

根據著名的獵女巫教戰手冊《女巫之槌》記載，女巫當中亦不乏瞪瞪眼就可以詛咒異端審問所的審判官，有些人甚至還敢誇口說絕對不會受到懲罰。

除此之外，**賽倫女巫審判事件**當中的其中一人布里姬‧比夏（Bridget Bishop）也是位擁有強力邪眼的女巫，據說她只要一瞪就能讓賽倫的少女昏倒在地。

再講到邪眼發動的狀況，其實也有共通點，那就是當擁有邪眼者對他人的財產打從心底投以羨慕眼光時，孩童就會染病、家畜就會死亡，所有的財產轉眼間化為泡影。

邪眼是種遍見於全球的原始黑魔法，因此世界各地都有許多據說能抵禦邪眼的符咒與護符。

女巫的邪眼

邪眼 ➡ 擁有邪惡影響力的人眼或視線。

叮 　　嗯～ 　　　　觸碰

讓邪眼一瞥就會生病。

邪眼者只要一碰便能讓人類或動物斃命。

●歐洲女巫的邪眼

一般天生擁有邪眼者都是在沒有意識到的狀況下使人不幸，歐洲獵女巫時代的女巫則是意圖利用邪眼使人不幸。

●普通的邪眼

你好？　　　　嗚嗚嗚

只是看一眼，就在無意識間使人變得不幸。

●女巫的邪眼

讓你倒大霉！

意圖利用邪眼使人不幸。

容易引發邪眼的狀況

邪眼經常會在擁有邪眼者以羨慕眼光看著他人時發動。

收成真好，真是令人羨慕。

叮

用語解說

●賽倫女巫審判事件（Salem witch trials）→1692～1693年發生在麻薩諸塞州賽倫市的新世界（美洲）規模最大的女巫審判事件，共19人遭處絞首死刑。

黑彌撒

黑彌撒是天主教會正統彌撒儀式的戲謔化，是為遂行陷害、咒殺他人等邪惡目的而舉辦。

●為行使黑魔法目的而從事的惡魔崇拜猥褻彌撒

所謂的黑彌撒，就是指以行使黑魔法為目的的彌撒。

其實彌撒本是欲藉麵包、葡萄酒跟耶穌合而為一，是**天主教會**的核心儀式。不過人們自古便相信彌撒蘊有魔力，因此祭司往往會執行諸如天氣好轉的彌撒、求雨彌撒、求子彌撒、治病的彌撒等，這些彌撒自然要歸類為白魔法範疇。

黑魔法師將這些彌撒改制為崇拜惡魔的邪惡儀式，即黑彌撒，用於遂行陷害、咒殺他人等邪惡目的。

因為這個緣故，黑彌撒也就形成了將原有的彌撒怪誕化、戲謔化的儀式。它的主題便是彌撒的戲謔化，並無固定形式。何謂戲謔化？例如說拿十字架時故意上下顛倒、向十字架吐唾沫、踐踏十字架、用尿代替聖水或葡萄酒、頭戴公山羊面具、不唸禱神的名字反而去唱誦惡魔名諱、以裸女代替神聖的祭壇等方法。也是因為如此，黑彌撒往往會伴隨著猥褻的行為。

「黑彌撒」此語其實是在進入19世紀以後才出現的，黑彌撒的起源卻可追溯至獵女巫時代。當時是否實際從事過黑彌撒已不得而知，不過的確有許多女巫以從事類似黑彌撒儀式的罪名而遭到處刑。

據說史上第一個黑彌撒，是17世紀末令路易十四宮廷為之嘩然的法桑（La Voisin）黑彌撒事件。

黑彌撒

| 黑彌撒 | → | ・以行使黑魔法為目的的惡魔崇拜彌撒。
・基督教正統彌撒的戲謔化。 |

基督教彌撒與黑彌撒的異同

基督教的彌撒

透過麵包、葡萄酒與基督合而為一的天主教會儀式。

黑彌撒

・將彌撒戲謔化的惡魔崇拜黑魔法儀式。
・與基督教彌撒倒行逆施。

倒著拿十字架。　　朝十字架吐口水。　　踐踏十字架。

戴公山羊面具。　　用尿代替聖水或　　以裸女當成
　　　　　　　　　葡萄酒。　　　　　祭壇使用。

用語解說

●天主教會→以羅馬教宗為核心的基督教最大教派，是可追溯至使徒時代的古老傳統教會。

法桑黑彌撒事件

這是路易十四的情婦蒙泰斯達夫人為奪回國王寵愛而引起的史上最具衝擊性黑彌撒事件，事件真相究竟為何？

●路易十四的情婦所引起的黑彌撒事件

黑彌撒曾經在17世紀末路易十四的時代大為流行，貴族們爭相聘請祭司在祕密的場所舉行黑彌撒，結果每每都遭人舉報，其中最具衝擊性也最著名的當屬法桑黑彌撒事件。

這樁黑彌撒案的涉案人是在1679年遭到逮捕，主辦者女巫法桑隔年便遭處死刑，而審案的過程中揭露了許多乖誕、令人作噁的內容。

黑彌撒的內容是由參加者在經過拷打後自白供出，其真實程度仍有待商榷，但內容大致如下：

黑彌撒的發起人是路易十四的情婦蒙泰斯達侯爵夫人，她發覺路易十四開始移情別戀，希望能借法桑之力奪回國王的寵愛。法桑是位素有風評的女巫，以能主宰黑彌撒儀式而聞名。

1673年由基伯格祭司（Priest Étienne Guibourg）舉行了第一次的黑彌撒儀式，這次儀式以蒙泰斯達侯爵夫人的裸體當作祭壇使用。基伯格在儀式正式展開前先唱了三次彌撒，然後將杯子放在夫人裸體的腹部上，再割開孩童的喉頭，將鮮血注入杯內，接著將童血混合粉末攪拌製作聖體（麵包）。接下來呼喚亞斯她錄（Astaroth）、阿斯摩丟斯（Asmodeus）的名字，祈禱能讓蒙泰斯達的願望實現。彌撒中途祭司要親吻祭壇時，基伯格親吻的當然就是蒙泰斯達的裸體，最後還要在女性性器的上方執行聖體的聖別*，並且將聖體插入女性性器裡面。

後來他們又執行了三次同樣的黑彌撒，可是效果尚未顯現以前，除了侯爵夫人以外的許多涉案人便已遭逮捕。

* 見P.218頁No.049注釋

法桑黑彌撒事件

**法桑
黑彌撒事件** ➡ ・路易十四統治時代著名的黑彌撒案。
・蒙泰斯達夫人也有涉案。

法桑黑彌撒事件的概要

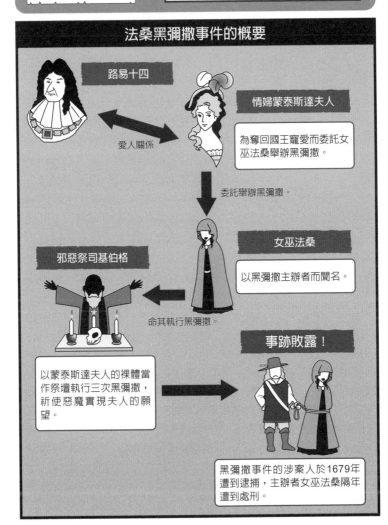

路易十四

情婦蒙泰斯達夫人

愛人關係

為奪回國王寵愛而委託女巫法桑舉辦黑彌撒。

委託舉辦黑彌撒。

女巫法桑

以黑彌撒主辦者而聞名。

邪惡祭司基伯格

命其執行黑彌撒。

以蒙泰斯達夫人的裸體當作祭壇執行三次黑彌撒，祈使惡魔實現夫人的願望。

事跡敗露！

黑彌撒事件的涉案人於1679年遭到逮捕，主辦者女巫法桑隔年遭到處刑。

聖西且爾黑彌撒

直到世界末日那一天，執行過聖西且爾黑彌撒的邪惡祭司將會因其罪而墜入永遠的地獄。

●邪惡祭司專為惡人而行的黑彌撒

所謂聖西且爾的黑彌撒，據說是從前曾出現在法國加斯科涅*地區的邪惡黑魔法；這是種壞人用來向仇敵復仇使用的黑彌撒，當地農民之間相信邪惡的祭司會接受壞人委託執行這種黑魔法。不過僅有極少數祭司懂得這種黑彌撒，而且就算他們懂，大牛的祭司也不會去碰這種黑彌撒，因為他們相信染指這種黑彌撒的極惡祭司將會在世界末日時墜入永恆地獄，而全世界唯獨羅馬教宗一人有權力可以赦免這項恐怖的罪孽。

這種黑彌撒必須在破爛到貓頭鷹都能築巢，且有蝙蝠逡巡盤旋的廢墟教堂裡面舉行。

邪惡的祭司會與妖女一同現身，以11點鐘的11聲鐘響為號，開始低誦彌撒，還要準確的在夜半鐘響的同時唱誦完畢。這段期間內，妖女則是要擔任助手的角色。這種黑彌撒其實是基督教彌撒的戲謔模仿，正常彌撒中祭司施以祝福的應該是白色圓形的聖餅，而這種黑彌撒使用的卻是黑色三角形的聖餅；至於聖血葡萄酒，則是將未施洗嬰兒投入井中溺死後取其井水使用；劃十字時並不用手，而是用左腳在地面上比劃。除此以外還有各種祕密的做法與規定。一般認為若善良的基督教看到這黑彌撒的場景，就會一輩子眼盲耳聾口啞。

聖西且爾能使目標人物漸漸衰弱，最終致死，可是任誰都找不出死因。哪怕何等名醫面對它也只能束手無策，就連當事者也不知道自己為何會遭受這種下場。

* 見P.218頁No.050注釋

聖西且爾黑彌撒

| 聖西且爾黑彌撒 | ➡ | ・法國加斯科涅地區的黑彌撒。
・壞人為了向仇敵復仇的方法。
・舉辦這種黑彌撒的祭司最終會落入地獄。 |

聖西且爾黑彌撒的進行順序

據說聖西且爾黑彌撒是如此進行的。

找個黑暗中彷彿有蝙蝠盤旋的廢棄教堂。

邪惡祭司以11點鐘聲為號開始彌撒，並於夜半鐘聲響起的同時結束。

黑彌撒的諸多細節都有規定。

・正常彌撒是使用白色圓形聖餅，這種黑彌撒卻是用黑色三角形的聖餅。

・將未施洗嬰兒投入井中溺死，以該井水取代聖血葡萄酒。

・用左腳在地面劃十字而不用手。

如上述執行聖西且爾黑彌撒，就能夠使目標人物漸漸衰弱，最終死亡。

No.051

降靈術—NECROMANCY

使用降靈術召喚死者亡靈必須舉行如召喚惡魔般的陰森儀式，因此自古就被視為是黑魔法。

●有別於現代心靈主義的恐怖黑魔法

降靈術是召喚死者來詢問過去與未來，算是預言術的一種。雖然預言術聽起來似乎不像黑魔法那般邪惡，但降靈術其實是非常邪惡的。這種傳統的降靈術與現代心靈主義所謂的降靈術不同，傳統的降靈術充滿許多令人作噁且悚目驚心的儀式。其次，中世紀相信降靈術召喚出來的靈其實就是惡魔，並將這種術法稱作「Necromancy」；「Necro」意指黑，也就是強調降靈術屬於黑魔法。

中世紀歐洲之所以如此極端的厭惡降靈術，是因為降靈術的儀式是當時基督教禁止的各種形態魔法的濃縮，而且又跟召喚惡魔的儀式非常類似。

儀式通常是半夜時選擇在墓場，或是剛發生戰爭、凶案的現場等恐怖地方舉行。其次，儀式往往會替人偶進行聖別、放火燒死者的頭部。有些降靈術也會比照召喚惡魔的儀式，以高階惡魔的名諱對低階惡魔進行召喚。儀式中還會使用到各種不同的符號或圖形；有時為玷污祈禱，還會呼喚連聽也沒聽過的名號，或是將惡魔跟天使或聖人的名字混在一起使用。

接著降靈術師就會挖開墳墓，把屍體拖出來。有些術師還會將人類的屍體卸成好幾塊，並宰殺動物進行活祭。如果有必要的話，就連自己的血也可以當作祭品使用，獻給惡魔。

這種術法的歷史非常悠久，早在基督教尚未出現以前的古希臘羅馬時代便已存在，至今降靈術的儀式仍必須要接觸屍體、宰殺動物獻祭。

降靈術 ➡ 召喚死者亡靈來預言過去或未來。

陰森而恐怖的儀式。

中世紀歐洲相信降靈術召喚出來的靈就是惡魔。

被視為黑魔法。

降靈術儀式的特徵

降靈術是從前基督教禁止的各種魔法形態的濃縮。

半夜選在墓場，或是剛發生戰爭、凶案的現場等恐怖的地方舉行。

經常以人偶進行聖別。

跟召喚惡魔一樣，經常使用多元的符號與圖形。

呼喚連聽也沒聽過的名號，或是將惡魔跟天使或聖人的名字混在一起使用。

開墓刨屍，將屍體卸成數塊，並宰殺動物活祭。

女巫伊瑞克梭的降靈術

尼祿時代的古羅馬詩人盧坎筆下敘事詩《法沙利亞》詳細描述了基督教尚未出現前的古代降靈術儀式內容。

●古羅馬降靈術的不祥儀式

尼祿皇帝時代的古羅馬詩人盧坎[*1]所著的敘事詩《法沙利亞》曾經描述到女巫伊瑞克梭接受**大龐培**之子塞克斯圖斯・龐培（Sextus Pompey）委託進行降靈術的場景。從這裡便不難發現，打從基督教尚未出現前的古羅馬時代開始，大部分的人便認為降靈術是種很恐怖的儀式。

伊瑞克梭彷彿將自己當成了死者，平時就住在荒蕪的墓地裡，生活在屍體、火葬燒過的孩童骨骸，以及死人的皮膚、指甲、舌頭、眼珠和衣服等穢物之間。待接到施行降靈術委託後，會先準備一具肺部還很健康，能大聲說話的新鮮屍體；因為腐敗的屍體不但說話比較小聲，記憶也比較模糊，常常搞不懂到底在講些什麼。

伊瑞克梭找到剛死不久的屍體，就會把屍體運到一個周圍有紫杉樹木環繞的暗處，然後剖開屍體胸膛，將新鮮的經血、狂犬病犬隻的唾液、大山貓的腸子、啃食過屍體的鬣狗的肉瘤、蛇蛻下來的舊皮、伊瑞克梭吐過口水的植物葉子全部混合在一起，塞進屍體胸腔裡面。接下來伊瑞克梭又會用好像混合了狼嚎、狗吠、貓頭鷹尖啼聲、野獸吼聲、蛇信嘶嘶聲、拍打岩石的水聲、森林的聲音與雷聲的模糊聲音唱誦咒文。最後則是要依序呼喚泊瑟芬[*2]、赫卡蒂[*3]、赫密斯[*4]、命運三女神、冥河擺渡人加龍[*5]等活動於冥界或地獄的諸神名字。

此時靈就會出現。亡靈先是抗拒，直到伊瑞克梭恫嚇威脅以後才肯進入屍體。過不了半晌，屍體的血液漸漸暖和起來、開始恢復脈搏與呼吸，並坐起身來回答龐培提出的全部問題。待所有的問題都得到解答後，伊瑞克梭才肯釋放亡靈，將屍體燒成灰，好讓靈能回到亡者的國度。

女巫伊瑞克梭的降靈術

女巫伊瑞克梭的降靈術	➡	・基督教問世前古羅馬時代的降靈術。 ・敘事詩《法沙利亞》有記載。

女巫伊瑞克梭降靈術的特徵

> 從女巫伊瑞克梭的降靈術就不難發現，
> 降靈術早在基督教時代來臨以前便已相當受人畏懼。

女巫伊瑞克梭的起居情形

住在荒蕪的墓地裡，生活在屍體、
火葬燒過的孩童骨骸、死人的皮膚等穢物間。

降靈術的方法

①找個肺部還很健康、能大聲說話的新屍體。

②將屍體運至暗處、剖開胸膛，塞進新鮮的經血、狂犬病犬隻的唾液等物。

③用極恐怖的聲音唱誦咒文，呼喚泊瑟芬、赫卡蒂、赫密斯等諸神，靈就會現身進入屍體當中，便可以向靈發問。

不甘願

④問完後將屍體燒成灰，釋放亡靈。

用語解說

●**大龐培（Pompey）**→西元前1世紀羅馬共和體制末期的軍人、政治家。曾經與凱撒、克拉蘇組成三頭同盟。

＊見P.218頁No.052注釋

月之子的降靈術

20世紀黑魔法師亞雷斯特·克羅利的小說《月之子》也曾對降靈術陰氣森森的儀式有所描述，其內容究竟為何？

●20世紀黑魔法師所著小說中描述的降靈術

以20世紀著名的黑魔法師亞雷斯特·克羅利（Aleister Crowley）所著的小說《月之子》中描述的降靈術儀式可作為比較接近現代的新案例。這部作品發表於1917年，是探討克羅利降靈術樣貌的珍貴資料。

根據這部小說記載，儀式是要從日落時開始，場地則是選在荒廢禮拜堂的一個角落。先拿從濕地取來的泥土打底，然後取硫磺往上舖一層，再用杖頭岔成兩股的長杖在上面畫出魔法陣，並且用碳粉填滿畫出來的線溝，最後將死人頭朝北方擺放。

參加者僅降靈術師與兩個助手而已。助手A手持點燃的黑色蠟燭，助手B則是一手繩索牽著山羊、一手握著大鐮刀站著。降靈術師必須是最後一個踏進魔法陣，在圓周處豎起9根蠟燭並點起燭火，接著取出籠子裡的四隻黑貓，分別在東西南北四個方位，用黑色鐵箭活活將黑貓刺穿。

助手A開始祈禱，連續呼喊惡魔的名字，羅列並讚美眾惡魔諸多殘酷的功績。此時就會聽見彷彿地獄哄笑般的聲音響起，眾家惡靈就會現身，那些惡靈的模樣看起來活脫脫就像是恐怖的外星生物。

此時助手B拿起大刀，一刀刺進奮力抵抗的山羊心臟，接著再砍下山羊頭、剖開死人腹部，把山羊頭塞進去。就在這個時候，該名助手便會彷彿發狂似的撲向死屍、扯咬屍肉舔飲屍血。最後才突然站起身來，人格身份切換成受召喚的亡靈，開口說出降靈術師想要知道的祕密。

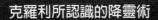
月之子

➡
· 20世紀黑魔法師亞雷斯特·克羅利的小說。
· 對降靈術有詳細的描寫。

克羅利所認識的降靈術

小說《月之子》裡的降靈術進行方式如下。

①儀式於日落時分的荒廢禮拜堂一隅舉行。

②於儀式場所鋪上從濕地取來的泥土與硫磺。

③用杖頭分岔成兩股的長杖畫出魔法陣，再用碳粉填滿畫出來的線溝。

④將死屍頭朝北方擺在魔法陣裡面。

⑤助手A手持點燃的黑蠟燭，助手B牽著山羊拿著大鐮刀、走進魔法陣。降靈術師最後才踏進圓內，在圓周豎起9根蠟燭並點燃燭火，再取4隻黑貓，分別在東西南北四個方位，以黑箭將黑貓活生生地刺穿。

⑥助手A開始祈禱，惡靈現身。

你儘管問吧。

⑦助手B砍下山羊頭、塞進屍體腹部以後會突然發瘋，代替亡靈將知道的事情全數說出。

吉拉丟斯之鈴

吉拉丟斯之鈴是種不需執行恐怖的儀式便可輕易召喚出死者亡靈的魔法道具，其製作方法都詳細記載在古抄本之中。

●記載於魔法書的降靈術師之鈴

　　根據格里歐・吉弗里（Grillot de Givry）所著《巫術師・魔法師・鍊金術師》記載，法國國家圖書館館藏抄本第3009號《吉拉丟斯的微光小冊・論自然的驚人祕密》書中收錄名為吉拉丟斯之鈴的魔法鈴鐺。

　　這是個輕易就能夠行使降靈術的鈴鐺，因此特別在這裡介紹。抄本當中收錄有降靈術鈴鐺的圖片，由圖判斷，鈴鐺尺寸應該比手掌還大。鈴鐺下方寫有聖四文字（YHWH），也就是不可直呼其名諱的唯一神耶和華；其上畫有七個行星的符號，在上面寫的是阿多奈，吊環部位則是記載著耶穌的名字。鈴鐺圖形周圍有兩個同心圓環繞，圓與圓之間繪有七個行星的符號，圓內則是分別記載著各個行星神靈的名字。這些神靈的名字與魔法書《阿爾馬岱的魔法書》記載的奧林匹亞精靈相同，從正上方開始按照順時針方向依序是：太陽精靈Och、金星精靈Haggith、水星精靈Ophiel、月之精靈Phul、土星精靈Aratron、木星精靈Bethor、火星精靈Phaleg。

　　這個鈴鐺必須是以鉛、錫、鐵、金、銅、無揮發性的水銀、銀等合金製成，據說這合金要選擇在受召亡靈誕生於人世的同一個時刻熔解。書中有收錄降靈術師正裝的圖片，圖中術師右手拿著寫有七個行星符號的羊皮紙，左手則是拿著鈴鐺。鈴鐺製作完成後，降靈術師會用綠色的塔夫塔綢*包裹起來放在墓穴正中央七天，如此一來日後只要搖響這個鈴鐺便能夠輕易地將亡靈召喚出來。

* 見P.219頁No.054注釋

降靈術師的鈴鐺 ➡ 輕輕鬆鬆就能實施降靈術的鈴鐺。

降靈術師的鈴鐺特徵

法國國家圖書館抄本收錄的某個降靈術師鈴鐺圖片如下。

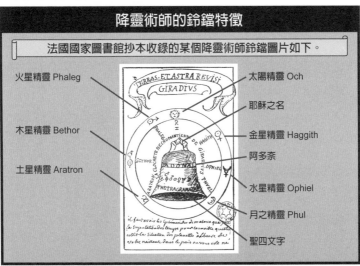

火星精靈 Phaleg

木星精靈 Bethor

土星精靈 Aratron

太陽精靈 Och

耶穌之名

金星精靈 Haggith

阿多奈

水星精靈 Ophiel

月之精靈 Phul

聖四文字

鈴鐺的製作方法

降靈術師的鈴鐺是按照以下方法製作。

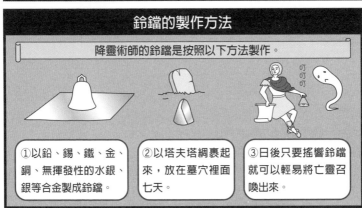

①以鉛、錫、鐵、金、銅、無揮發性的水銀、銀等合金製成鈴鐺。

②以塔夫塔綢裹起來，放在墓穴裡面七天。

③日後只要搖響鈴鐺就可以輕易將亡靈召喚出來。

用語解說

● 《阿爾馬岱的魔法書》（*The Grimoire of ARMADEL*）→1575年於瑞士巴塞爾以拉丁語出版的魔法書。不屬於《所羅門王之鑰》系列的魔法書。

《所羅門王之鑰》與《所羅門王的小鑰匙》

　　14～18世紀前後，歐洲有許多收錄如何驅使惡魔藉以實現自身願望的儀式魔法，名為魔法書（Grimoire）的魔法書問世。這些魔法書當中最有名的當屬《所羅門王之鑰》與《所羅門王的小鑰匙》，這兩部魔法書書名相當類似、容易混淆，故在此做個簡單的說明。

　　《所羅門王之鑰》（別名《所羅門王的大鑰匙》）傳為所羅門王所著，不過根據歷史考據推測應是成書於14、15世紀前後的魔法書。這本書的主旨是要從存在於宇宙間的眾多神靈（如惡魔或天使等）當中選出適合自身目的的神靈並驅使之藉以達成願望，而此書的最大特徵就是介紹了44個驅使神靈時必須用到的星陣圖。

　　所謂的星陣圖，就是指繪有特殊印記的紋章或徽章之類的圖形，施術者只要出示星陣圖，便可以確實並且安全地號令神靈。舉例來說，若以火星第六星陣圖召喚神靈，施術者便可以獲得強大的防禦力，非但刀槍不入，還能使敵人被自己的武器所傷。

　　另一方面，《所羅門王的小鑰匙》（別名《雷蒙蓋頓》）同樣亦傳為所羅門王所著，但這部作品其實是由5部各自獨立的魔法書所組成的；這5部魔法書原先各自成書於14～16世紀間，直到17世紀才被匯整編成一部作品。也因為這個緣故，《所羅門王的小鑰匙》是採5部構成的結構，每部介紹的眾神靈各不相同，而其最大特徵便屬題為「哥耶提雅」（Goetia）的第一部，裡面記載到著名的所羅門王72惡魔的召喚方法，並且針對各個惡魔的地位與能力有詳盡的解說。讀過這部魔法書，就會知道假如想要讓朋友失和，那只要召喚擁有散播不和能力的惡魔安托士（Andras）即可。

　　只不過，無論《所羅門王之鑰》或《所羅門王的小鑰匙》，書中記載的絕非僅止於邪惡的魔法而已，這些魔法書也有助讀者獲得有關藥草、天文學、數學等各種學問的知識。當時的人們之所以會將其視為黑魔法，可以說是因為他們認為這些魔法並非依靠神，而是依靠惡魔的力量行使的緣故。

《所羅門王之鑰》所記載的火星第六星陣圖。

《所羅門王的小鑰匙》所記載的惡魔安托士的紋章。

第 3 章

日本的黑魔法

日本黑魔法的特徵

日本包容了神道、陰陽道、密教、修驗道等各種古老的思想與宗教，因此黑魔法的種類也很豐富。

●因為思想、宗教環境而有多樣化發展的日本黑魔法

　　日本是個多宗教且多宗派的國家。神道、陰陽道、密教（佛教）、修驗道等，自古以來眾多的思想與宗教在日本這個狹窄的國家兼容並蓄，並相互磨砥直至今日。光憑這點就不難知道，日本的黑魔法也是極為多姿多彩。

　　日本的黑魔法在平安時代便已十分發達。平安時代的貴族們為了擊敗政敵，往往會依靠詛咒的手段，而無論實施詛咒或阻止詛咒，通常都是陰陽師的工作。那個時代的貴族認為疾病等禍事是詛咒所致，經常會聘請陰陽師等人舉行祓禊儀式。

　　陰陽師使用的陰陽道來自中國，跟密教同樣是在5～6世紀間傳入日本，7世紀的日本便設立了名為陰陽寮的政府機關。陰陽道在能使式神咒法的安倍晴明所活躍的10世紀進入鼎盛期，從此直到江戶末期為止，陰陽道時時刻刻影響著日本人的思想與行動模式。高知縣物部村直到今天仍存在的「伊邪那歧流」便是屬於陰陽道系統的魔法。

　　論及宗教系黑魔法，則以密教與修驗道系最為盛行。修驗道發端於山岳信仰，是由密教、道教、陰陽道等思想體系融合而成，是意欲藉由山岳修行以期獲得超自然驗力的宗教。獲得驗力的修驗者等同於擁有咒力的魔法師，他們經常會應庶民的請求而執行黑魔法。

　　密教則由空海、最澄等佛僧傳進日本，用於成就願望的加持。祈禱體系特別發達，最終發展出遠較其他宗教更加隆重正式的咒法。除了打擊仇敵的調伏法外，還另有六字經法、降三世法、大威德法等黑魔法。元軍襲日時期筑前觀音寺為調伏蒙古而行使的五壇法，便是密教的調伏法。此外，還有屬於個人規模的黑魔法，如江戶時代流行的丑時參咒。

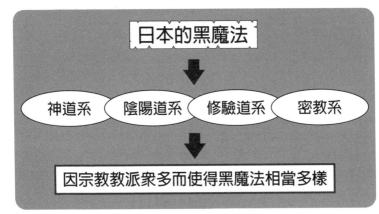

●日本最主要的咒法系統

日本有許多黑魔法系統，其中聲勢最盛的當屬陰陽道系、密教系與修驗道系，各宗教特徵如下。

 陰陽道
- ·5～6世紀間由中國傳入。
- ·安倍晴明活躍的10世紀為鼎盛期。
- ·高知縣現存的「伊邪那歧流」亦屬陰陽道系統。

 修驗道
- ·欲藉山岳修行獲得超自然驗力的宗教。
- ·修驗者等同魔法師，會應庶民的請求執行黑魔法。

 密教
- ·空海、最澄等人移植進入日本。
- ·加持祈禱體系特別發達，發展出遠較其他宗教更加正式的咒法。
- ·有六字經法、降三世法、大威德法等咒法。

 其他
- ·丑時參咒等個人行使的黑魔法。

丑時參咒

從前心懷怨恨的日本庶民會在夜半的丑時三刻悄悄前往神社或佛寺參拜，取稻草人偶擬作仇敵釘在神木或鳥居上。

●將擬作詛咒對象的稻草人偶釘在神木上

丑時參咒就是夜半選在丑時三刻（凌晨2點～2點半左右）悄悄前往神社或佛寺參拜，再將擬作仇敵的稻草人偶釘在神木或鳥居上面，祈求詛咒能夠生效的儀式。「丑時參咒」亦作「丑時參拜」。

丑時參咒盛行於江戶時代，經常被民謠、淨溜璃、浮世繪等藝術作品採用作為主題。詛咒實際的操作方法與服裝也隨這些藝術創作而定：施詛咒者全身穿得雪白、胸掛銅鏡、腳踩高木屐、披頭散髮倒戴五德*、五德上面還要插著3支蠟燭，必須連續七天執行丑時參咒，絕對不可以讓別人看見。據說直到願滿的第七天，詛咒對象就會在稻草人偶被打釘的身體部位感到劇烈疼痛並死亡。雖然關於這個詛咒該使用何種釘子、何種稻草人偶並無硬性規定，但也有說法指出使用較大的五寸釘，以及在稻草人偶中夾雜詛咒對象的指甲或毛髮有助於加強咒力。

屋代本《平家物語》（劍之卷） 有篇故事說到有個女人為了殺死自己嫉妒的女人而向貴船大明神祈願執行丑時參咒，結果得到貴船大明神神諭：將長髮捲成5團、用松脂固定將頭髮定型成5個角的形狀，顏面與身體全部塗滿紅色染料、頭戴鐵環，並且在鐵環的3隻腳綁上3支點燃的火把，連續二十一日每天浸泡宇治川的河水。那名女性依照神諭而行，果然願滿之日她化為厲鬼，不光是她嫉妒的人，還把其他相關人等全都殺死，這便是著名的宇治橋姬的故事。這個故事雖然未提到稻草人偶與五寸釘，不過後世流傳的恐怖咒法恐怕就是從這裡描寫的丑時參咒演變發展而成。

* 見P.219頁No.056注釋

丑時參咒

| 丑時參咒 | ➡ | 夜半將稻草人釘在神社神木等處的詛咒儀式。 |

丑時參咒在江戶時代最為盛行，還經常成為淨瑠璃與浮世繪的創作主題。

※右圖為江戶中期浮世繪師鳥山石燕所繪「丑時參」。

丑時參咒的標準服裝

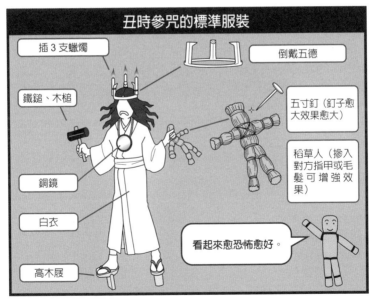

插3支蠟燭

倒戴五德

鐵鎚、木槌

五寸釘（釘子愈大效果愈大）

稻草人（摻入對方指甲或毛髮可增強效果）

銅鏡

白衣

看起來愈恐怖愈好。

高木屐

用語解說

●屋代本《平家物語》→指《平家物語》的其中一個系統，是供琵琶法師說唱平家物語劇本用途的古老抄本。

蔭針法

蔭針法跟丑時參咒同屬使用人偶施行的咒法，是神道、古神道奉為少彥名命祕傳的詛咒祕法。

●神道視為少彥名命祕傳的詛咒法

蔭針法是神道、古神道奉為**少彥名命**祕傳的咒法，這種使用人偶的黑魔法除了可以用來調伏怨敵以外，據說還有治療疾病、除厄、結緣斷緣等效果。

施行蔭針法，必須準備針、榻榻米與人偶。針的材質可以選用金、銀或鐵，必須選在**甲子日**日出時刻以徹底淨化過的鐵砧製作。所有的針都必須是4寸8分長，針頭4分長；使用的針分成3種：陽針1支、陰針1支，其他針8支。接著還要準備2張榻榻米：一張長8寸、寬5寸、厚1寸8分；另一張長8寸、寬5寸、厚4分。2張榻榻米的邊緣都要使用紅色的大和錦[*1]圍邊。再用2張半紙[*2]折成人偶。人偶的大小要能夠完全夾在2張榻榻米中間不露出來。

執行儀式前，將人偶、針與榻榻米擺在神前桌几，朝著神前二拜二拍手。接著自行行使祓禊潔淨自身，召喚少彥名命。

將人偶擺在厚1寸8分的榻榻米上，再將厚4分的榻榻米覆於其上。雙手捧著針，集中精神想著目標人物，把針捧在肚臍附近。右手持針，用左手將針尖抵在榻榻米上。如果對誰有怨恨的話，便唱誦「禁厭一念通神御針。怨敵調伏」三次，待氣勢最高漲的瞬間一口氣將針刺入榻榻米中，令針貫穿人偶的頭部，刺完1支針後再取第2支針從雙手捧針的步驟開始重複操作，直到氣消為止。儀式過後直到詛咒實現前，切不可將針拔出。若願望果真實現，需要一面唱誦神樂的祕文「天空晴亮，多麼光采歡樂，多麼聖潔光明」[*3]，一面將針拔取出來，最後將紙人燒掉，讓灰燼流入河川或大海。

* 見P.219頁No.057注釋

蔭針法

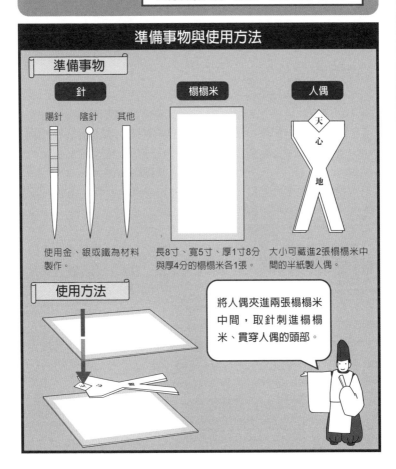

| 何謂蔭針法？ | ・神道、古神道少彥名命的祕傳之法。
・利用人偶調伏怨敵的黑魔法。
・也有治療疾病、除厄、結緣斷緣等效果。 |

準備事物與使用方法

準備事物

針

陽針　陰針　其他

使用金、銀或鐵為材料製作。

榻榻米

長8寸、寬5寸、厚1寸8分與厚4分的榻榻米各1張。

人偶

天
心
地

大小可藏進2張榻榻米中間的半紙製人偶。

使用方法

將人偶夾進兩張榻榻米中間，取針刺進榻榻米、貫穿人偶的頭部。

■用語解說

●少彥名命→日本神話中協助大國主命創造國土的神。少彥名命屬於常世神，卻也以酒、醫藥、咒法之神為人所知。

●甲子日→甲子是天干地支組合起來的第一天，為吉日。

犬神咒法

所謂的犬神咒法便是將犬靈奉為自家守護神祭祀，從而操控犬靈奪取他人財富，使自家致富的黑魔法。

●驅使犬隻魂魄的蠱毒法

四國伊邪那歧流等教派所傳的犬神咒法是中國蠱毒法的末流，是一種利用操作犬靈來損人利己並致富的黑魔法。犬神是種會附身於家屋的靈，讓犬神附身的人家代代都要將其奉為神明，需小心伺候令其滿意，犬神就會為該戶人家帶來財富；若是伺候得不周到，犬神就會使該戶人家面臨災厄。

相傳欲得犬神可按下列的順序執行：將狗活生生地埋在地下，只露出狗頭，不讓牠吃東西，還要拿食物擺在牠面前，待極度飢餓的時候才將狗頭給砍下來。

把狗頭埋在人來人往的四岔路口等處，盡可能讓更多人踩踏，接著挖出狗頭，將其奉為咒物祭祀。如此一來犬神就會受人控制，主人可以任意操控犬靈。如果需要的話，讓犬靈替自己殺死仇敵也不是不可能的事情。

可是只要使用過犬神，哪怕只有一次也好，犬神就會從此長駐在那個人的家裡不走。像這種有犬神附身的家就叫做「犬神筋」，該戶人家子子孫孫所有家人都會獲得操縱犬神的能力，不過相對的他們也必須代代祭祀犬神。

四國的偏僻農村相信奉為犬神祭祀的犬靈，大小就跟老鼠或鼬鼠差不多。除此之外，據說有犬神附身的人家只要每生一名女嬰，就會增加75尊犬神。

另外，也傳說迎娶犬神筋家裡的女孩，犬神就會跟新娘一起移動，因此犬神也會跟著定居在夫家，也就是說夫家從此也非得祭祀犬神不可。

犬神咒法

何謂犬神？

附身於人家的犬靈，能使人致富、願望實現。

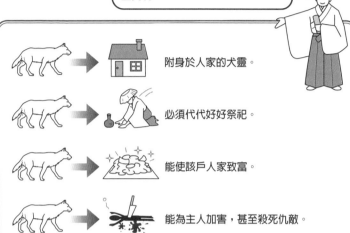

附身於人家的犬靈。

必須代代好好祭祀。

能使該戶人家致富。

能為主人加害，甚至殺死仇敵。

犬神的製作方法

獲得犬神的方法相當殘酷，現今是絕對不被允許的。

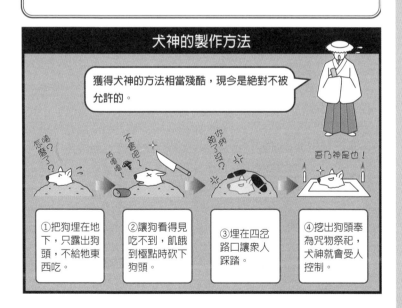

①把狗埋在地下，只露出狗頭，不給牠東西吃。

②讓狗看得見吃不到，飢餓到極點時砍下狗頭。

③埋在四岔路口讓眾人踩踏。

④挖出狗頭奉為咒物祭祀，犬神就會受人控制。

陰陽道的式神與咒殺

平安時代的陰陽師能驅使式神寄附於咒物之上，再將其埋在敵對者住家的地板下面，讓敵對者罹病，甚至死亡。

●陰陽師所驅使的式神究竟是甚麼？

所謂的式神，就是指平安時代的眾家陰陽師可以任意操縱的鬼神（恐怖的神靈）。式神可以化作人類、動物或妖怪等諸多模樣，有時候並非肉眼見。

詛咒並非陰陽師驅使式神的唯一用途，若以式神催動詛咒，經常會一併使用到咒物。換句話說，只要讓式神寄附於某個物體上，該物體就會變成咒物。至於讓式神寄附的物體，無論陶土器、**剪紙**、頭髮或糯米餅等皆可。

《宇治拾遺物語》（卷十一之三續「晴明殺蛙事」）內中記載到了以下的故事：平安時代的官人陰陽師安倍晴明有次拜訪某個僧侶時，同席的年輕僧侶問道：「聽說你能驅使式神，那你能在瞬間殺人嗎？」，晴明答道：「這事雖不簡單，但只要稍微費點力氣就能殺人，如果蟲子就簡單多了。」，眾僧便說：「那就請你咒殺那邊池子裡的一隻青蛙」，只見晴明不情願的摘下一片葉子，口中唱唸咒文然後將葉子拋向青蛙。眼看著那片葉子就要落在青蛙身上的時候，青蛙竟然瞬間被壓扁。換句話說，是式神附在葉子上，殺死了青蛙。據說目擊者無不駭然啞口。

但其實就式神咒法而言，這並非一般的做法。陰陽師驅使式神寄附於咒物、施行詛咒最普遍的做法，還是要將咒物埋在地下。埋藏處通常是選在詛咒對象起居住屋的地下或井底，又或是該人物經常出入的寺廟神社境內等地，只要目標人物出現就會觸動式神施以詛咒，其結果往往就是使得目標人物罹患疾病，甚至因而殞命。

陰陽道的式神與咒殺

　式　神　➡　指陰陽師操縱的鬼神。

可化作人類、動物或妖怪等各種模樣。

式神與咒物

施行詛咒時，令式神寄附於某個物體，作為咒物使用。

式神　＋　寄附

物

陶土器　剪紙

糯米餅　頭髮

➡　咒物

一般咒物的使用方法

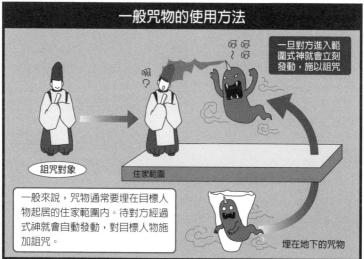

一旦對方進入範圍式神就會立刻發動，施以詛咒

詛咒對象

住家範圍

一般來說，咒物通常要埋在目標人物起居的住家範圍內。待對方經過式神就會自動發動，對目標人物施加詛咒。

埋在地下的咒物

用語解說

●剪紙→將紙張剪成某種形狀的圖樣。

●《宇治拾遺物語》→成書於13世紀前半期的日本說話物語集，跟《今昔物語集》同為日本說話文學的最高傑作。

式神反噬的詛咒

即便敵方陰陽師派出式神施行詛咒，只要懂得式神反噬的詛咒法便能將式神原原本本的奉還、殺死敵人。

●反噬陰陽師的式神

　　陰陽師固然能夠利用式神詛咒目標人物，但目標人物也有可以對抗的手段，那就是委託更優秀的陰陽師，讓敵方陰陽師遣來的式神反噬回去；若能藉此阻止敵方的詛咒，遣來的式神返回，而敵方陰陽師便會被自己派出去的式神給殺死。

　　《宇治拾遺物語》（卷二之八「晴明封藏人少將事」）講的剛好就是式神反噬的故事。某天任職於藏人所*的近衛少將正要進內裏（天皇居住區）時，頭頂有隻烏鴉飛過並拉屎落在他身上。安倍晴明看見這個狀況，立刻看穿「如此年輕氣派的人竟像受人詛咒，那烏鴉肯定是式神」，於是晴明立刻驅前向少將說明他已遭到式神詛咒，坐視不理則命危矣。少將聞言一驚，拜託晴明無論如何要出手相救，於是晴明馬上就跟少將返回其私宅，抱著少將施行固身之法，整晚不停地唱誦咒文、加持祈禱。

　　隔日天明有人上門來訪，原來是詛咒少將的陰陽師派來的使者，道出了事情的來龍去脈：原來這少將有個職敘五位藏人的**連襟**原本跟他住在同一個家裡，家裡的人偏愛少將，對連襟卻甚是鄙視，連襟遂忿而聘請陰陽師想利用式神咒殺少將，豈料少將因為有晴明加持祈禱而使得式神反彈，如今那位陰陽師已經遭式神反噬得奄奄一息。後來，那位陰陽師果真就此丟了性命。

　　從這裡便可以知道，受詛咒者若得優秀的陰陽師行固身之法保護，便可以將式神反彈，甚至可以殺死發動詛咒的陰陽師。

*見P.219頁No.060注釋

式神反噬的詛咒

式神反噬 ➡ 將敵人派來的式神反彈回去的魔法。

優秀的陰陽師能擊退敵人遣來的式神將其反彈，甚至能夠殺死對方。

●安倍晴明的固身之法

固身之法 ➡ ・祈願人身安全的護身咒法。
・可抵禦式神攻擊、反彈式神。

抱著遭式神攻擊的人，徹夜唱誦咒文，不停地加持祈禱。
若能撐到天亮就能擊退式神，並讓式神反噬。

用語解說

●連襟→指分別娶姐妹為妻的男性。

伊邪那歧流厭魅之法

伊邪那歧流承襲自古代陰陽道，至今仍流傳存在於日本高知縣偏僻農村的民間宗教，其詛咒用人偶，須視各月份而選用不同的材料製作。

●承襲自古代陰陽道的「稻草人偶」詛咒法

伊邪那歧流厭魅之法是屬於使用人偶來詛咒他人的詛咒法。

伊邪那歧流流傳於日本高知縣香美郡物部村的民間宗教，據稱此宗教承襲了古陰陽道的流派。

使用人偶施行詛咒的詛咒法多不勝數，而伊邪那歧流詛咒法的最大特徵便在於一年的每個月份用來製作詛咒人偶的材料各不相同。

具體來說，正月用松木、2月白茅、3月桃花、4月麥桿、5月綠葉、6月卯花[*1]、7月胡枝子[*2]、8月稻葉、9月菊花、10月芥菜、11月白紙、12月冰。

只不過這些材料並非絕對不可或缺，也可以拿一般的稻草人偶替代。攻擊人偶的方法有「杣法」、「天神法」與「針法」三種。

所謂杣法就是將木匠用來畫線的墨斗裡的墨線當作弓弦，再拿尖頭小箭去射設置於下方的人偶；天神法則是將人偶置於鐵砧、以鐵鎚敲打；至於針法則是用鐵鎚將針或釘子打進人偶裡面。攻擊人偶之前，先要前額貼地或仰天而望，大聲重複喊出：「好運當我，噩運當○○（敵人的名字）、絕子絕孫」，然後再催動憎恨的情緒反覆執拗的攻擊人偶。

如此一來，不光是可以咒殺憎恨的對象，甚至還能牽連其子孫受苦。但若被詛咒者請咒力更強大的祈禱師進行反詛咒，發出的詛咒就會加倍奉還，必須小心慎用。

* 見P.219頁No.061注釋

伊邪那歧流的厭魅之法

| 伊邪那歧流厭魅之法 | ➡ | 使用人偶的詛咒法。 |

| 所謂的
伊邪那歧流 | ➡ | 流傳於日本高知縣的民間宗教。 |

●各月規定用於製作人偶的材料

伊邪那歧流厭魅之法規定各個月份分別要使用下表的材料來製作人偶。

1月	松木	2月	白茅	3月	桃花	4月	麥桿
5月	綠葉	6月	卯花	7月	胡枝子	8月	稻葉
9月	菊花	10月	芥菜	11月	白紙	12月	冰

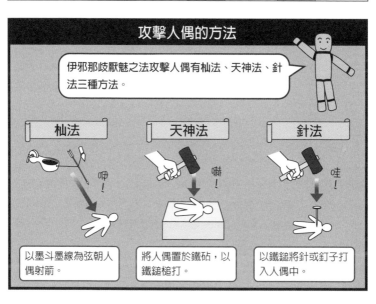

攻擊人偶的方法

伊邪那歧流厭魅之法攻擊人偶有杣法、天神法、針法三種方法。

杣法 — 咿！ — 以墨斗墨線為弦朝人偶射箭。

天神法 — 嚇！ — 將人偶置於鐵砧，以鐵鎚槌打。

針法 — 哇！ — 以鐵鎚將針或釘子打入人偶中。

摧魔怨敵法

即便是在主要以國家或宗族為詛咒毀滅目標的密教魔法當中，摧魔怨敵法也是相當強大的咒法，有時還能用於咒殺個人。

●集諸神之力毀滅敵國敵族

摧魔怨敵法，又名轉法輪法，在密教魔法當中算是較為強大的咒法，即便大多都是以國家或宗族作為詛咒毀滅目標，但有時也會用來咒殺某個特定的個人。據說首次實施此法的是真言宗**東密**二流當中的小野流始祖——仁海（951～1046年），他根據空海自中國傳入日本的《轉法輪菩薩摧魔怨敵法》為典據而施行；時值保元之亂（1156年），仁海奉後白河天皇命令，欲藉此法擊破敵對的崇德上皇勢力。

若欲從事這個儀式，首先就必須製作一個長18cm、直徑4cm的圓筒，名為轉法輪筒。轉法輪筒的材料以苦楝木最為理想，不過用桐木、竹子或金銅製成的也可以。

接著還要準備代表敵對者的詛咒用紙偶。先拿紙偶的頭部與腹部讓不動明王踩踏過，然後在這兩個部位寫上敵人的姓名。

準備妥當以後，擺定設有調伏用三角爐的護摩壇，再將轉法輪筒置於護摩壇中央。焚燒安悉香，將想要消滅敵方紙偶折起來，放進轉法輪筒裡面。接著向摧魔怨敵法的本尊祈禱、召喚**十六大護眾神**，利用觀想法與諸眾神合為一體，討伐消滅敵人。摧魔怨敵法的本尊有彌勒菩薩、大威德明王、降三世明王等各種說法眾說紛紜，不過施法時無論召喚其中任何一位本尊都可以。

召喚眾神的真言為「曩莫‧三漫多‧沒馱南‧薩嚩怛囉‧阿鉢囉底賀多‧行菩提‧播哩—布囉迦‧娑賀」。儀式至此結束，儀式後只要將人偶取出，以三角爐燒掉即可。

*日本密教真言與台灣略有出入，此處採音譯。

摧魔怨敵法

摧魔怨敵法	・毀滅國家或宗族的強大咒法。 ・也可用於個人咒殺。

摧魔怨敵法的使用方法

摧魔怨敵法進行如下：

①製作轉法輪筒。

18cm / 4cm

使用苦楝木或竹子等材質。

②製作敵人的紙偶。

頭部腹部讓不動明王踩踏過，再寫上敵人的姓名

③護摩壇擺設三角爐與轉法輪筒。

護摩壇　三角爐　轉法輪筒

禮盤

※鳥瞰圖

術師的位置

④焚燒安悉香，將敵人紙偶放進筒中，召喚十六大護眾神等諸神，利用觀想法與眾神合為一體，討滅敵人。

消滅！

救命啊～

用語解說

●東密→指真言宗密教。因當初空海以東寺為根據地而得名。平安時代中期枝分成廣澤流與小野流兩個支流。

●十六大護眾神→密教奉為國家守護神的毘首羯麼、却比羅、法護等16位神明。

135

六字經法

所謂六字經法是以調伏爐焚燒天狐、地狐、人形三類形紙偶的密教黑魔法，平安時代的皇族貴族經常都要依靠六字經法來進行權力鬥爭。

●焚燒天狐、地狐、人形形象施行詛咒的黑魔法

六字經法是奉六字明王爲本尊、咒殺仇敵的密教咒法。除六字明王以外，有時也會奉六觀音（聖觀音、千手觀音、馬頭觀音、十一面觀音、准胝觀音、如意輪觀音）或奉聖觀音爲本尊。平安時代的皇族貴族往往會利用六字經法來進行權力鬥爭，文獻中記載12世紀前期鳥羽上皇曾經命令屬下實施六字經法，企圖打擊對立的興福寺勢力。

六字經法的做法如下：若奉六字明王爲本尊，那便張掛六字明王圖像，並且在圖像前方設置護摩壇與調伏用的三角形護摩爐。以護摩爐焚燒調伏用的護摩木（幼樹或樹根等），重複唱誦六字明王的眞言「唵・羯羅羯羅・羯支・矩嚕矩嚕・娑賀」召喚本尊。

事先準備剪好天狐（鳶）、地狐（犬）、人形（詛咒目標）形狀的三類形紙偶各7張，總計21張，唱誦眞言並以護摩爐焙燒，所有三類形紙偶要事先用墨汁寫上詛咒對象的姓名，燒成灰燼後要放在容器裡面好好保存。

另外要在護摩壇上方準備弓箭，並且用蘆葦製成的箭依序射向東南西北上下六個方向。以上是一天的儀式程序，儀式總共要進行七天。儀式結束後要將紙偶燒成的灰燼送給詛咒的委託人，讓委託人用熱水泡開飲下。全部儀式至此告終，接下來只要等待敵人斃命即可。

此處描述的六字經法屬眞言宗系統，後來天台宗爲與其相抗衡也發明了名爲「六字河臨法」的咒法；此法是在船上施行六字經法，再將三類形紙偶投入河中以咒殺仇敵。

六字經法

六字經法 ➡ ・奉六字明王為本尊的密教咒殺術。
・平安時代多用於權力鬥爭。

六字經法儀式的主要必備咒具

六字經法儀式所需主要咒具如下：

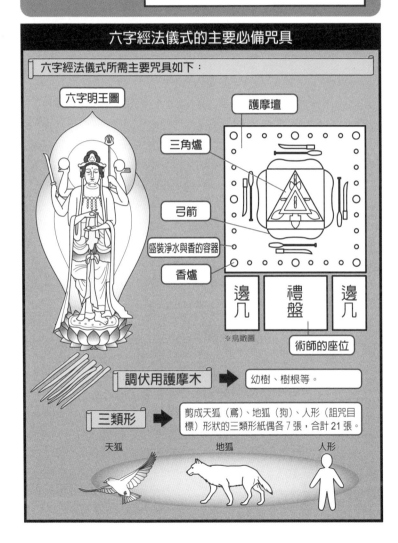

六字明王圖

護摩壇

三角爐

弓箭

盛裝淨水與香的容器

香爐

邊几　禮盤　邊几

※鳥瞰圖

術師的座位

調伏用護摩木 ➡ 幼樹、樹根等。

三類形 ➡ 剪成天狐（鳶）、地狐（狗）、人形（詛咒目標）形狀的三類形紙偶各7張，合計21張。

天狐　　　　　　地狐　　　　　　人形

大威德明王調伏法

大威德明王調伏法多半用於祈願戰勝、降伏惡魔等目的，卻也可以作咒殺特定個人的黑魔法運用。

●咒殺惡人、令男女反目的密教祕法

　　大威德明王是密教奉爲五大明王之一的神祇，經常化作6頭6眼18臂6足、騎著水牛的模樣。即便在以忿怒相教化世人的五大明王當中，也是位令人畏懼的神明，其調伏法經常用在祈願戰勝、降伏惡魔等目的。例如從前**平將門**叛起東國時，京都八秋法觀寺的淨藏就曾經實施大威德明王調伏法，結果平將門之亂轉眼間就被鎮壓下來了。

　　不過大威德明王調伏法也可以用來咒殺個人，因此也可定位爲恐怖的黑魔法。

　　以大威德明王調伏法咒殺他人的做法如下：首先面朝南方設置護摩壇，壇上配置正三角形的護摩爐，壇前再掛幅大威德明王的圖像。

　　緊接著再進行以下儀式：手結大獨鈷手印，唱誦眞言「嗡・紐力・卡拉魯帕・吽堪・梭哈」1萬回。唱誦完畢以後取粘土捏成敵人模樣的土偶，仰天放在護摩壇上。

　　準備5根長度適中的尖木椿，塗抹動物糞便。2根木椿刺進土偶的左肩右肩，2根刺進左右大腿，最後1根則是打進心臟；每打入1根木椿，就要唱誦眞言108回。再度坐回護摩壇前，焚安悉香並唱誦眞言1萬回。據說仇敵就會因此吐血而亡。

　　但如果覺得這樣還不足夠，可以再將釘了木椿的人偶用鐵鎚敲個粉碎，然後再將粉碎的土偶丟進護摩爐裡燒掉，這樣便能進一步確定仇敵必死無疑。

* 日本密教眞言與台灣略有出入，此處採音譯。

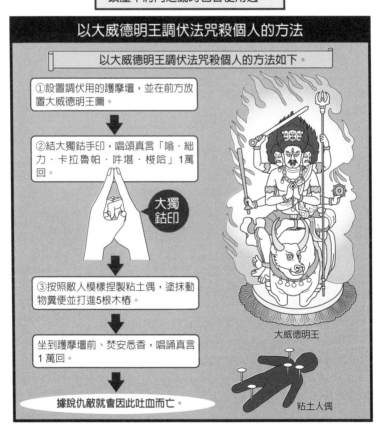

大威德明王調伏法

大威德明王調伏法 ➡ ・祈願戰勝、降伏惡魔的咒法。
・也可用於咒殺個人。

鎮壓平將門之亂時也曾使用過。

以大威德明王調伏法咒殺個人的方法

以大威德明王調伏法咒殺個人的方法如下。

①設置調伏用的護摩壇，並在前方放置大威德明王圖。

②結大獨鈷手印，唱頌真言「嗡・紲力・卡拉魯帕・吽堪・梭哈」1萬回。

大獨鈷印

③按照敵人模樣捏製粘土偶，塗抹動物糞便並打進5根木椿。

坐到護摩壇前、焚安悉香，唱誦真言1萬回。

據說仇敵就會因此吐血而亡。

大威德明王

粘土人偶

用語解說

●平將門→承繼桓武天皇血脈的平安時代中期關東豪族，興起叛亂標榜東國獨立，與朝廷對立。

降三世明王調伏法

若不僅僅只是想殺死仇敵，則可使用降三世明王調伏法，能使對方陷入恐懼與不安當中，受疾病所苦，甚至進入假死狀態。

●使仇敵受恐懼與不安所苦後再咒殺

降三世明王調伏這種密教咒法不單能夠殺死仇敵，還能使對方陷入恐懼與不安當中，受疾病所苦，甚至進入假死狀態。降三世明王與大威德明王同屬五大明王之一，是位3頭8臂、頭髮有如火炎般衝天逆豎、相貌極爲駭人的明王。也有一說他是大日如來的化身。

進行降三世明王調伏法必須事先做好下列準備：七七四十九天斷絕五穀（米、麥、粟、豆、黍）與鹽巴，唱誦降三世明王的眞言「嗡・蘇婆・你蘇婆・吽・蘖棃哩・吽發吒」10萬回來淨化自身，便可得到神的守護。接著面朝南方設置調伏用護摩壇，前方張掛降三世明王圖像，即可應不同目的來舉行儀式。

欲使仇敵陷入恐懼與不安，就要準備有刺的樹木並唱誦「嗡・蘇婆・你蘇婆・吽・蘖哩訶拏・蘖哩訶拏・吽・蘖哩訶拏・播野・吽・阿曩野・斛・婆誐鑁・縛日羅・吽髮吒」，焚燒樹木，重複執行相同步驟324回。欲使仇敵致病，就要在擺設好調伏用護摩培以後唱誦根本眞言「嗡・啊坤啦蛙嗟・娑賀」1080回，再焚燒紅黑兩種罌粟1080粒，同時唱誦敵人的名字。

若欲咒殺仇敵，就將按照仇敵模樣捏製的人偶與寫著對方姓氏名字的紙丟進爐裡，唱誦眞言108回，並集中意念必定要咒殺對方。接著抓一把砂子擲向人偶，最後把人偶燒掉。如此一來，敵人便與死人無異，除非以特殊方法甦生，否則對方就會斷氣死去。

*日本密教眞言與台灣略有出入，此處採音譯。

降三世明王調伏法

降三世明王調伏法 ➡ ・咒殺仇敵的咒法。
・能陷對方於恐懼不安、使其致病，甚至進入假死狀態。

何謂降三世明王？

・與大威德明王同屬五大明王之一。
・3頭8臂，頭髮衝天豎立有如火炎。
・也有一說是大日如來的化身。

降三世明王調伏咒殺法

咒殺敵人的降三世明王法執行如下：

①斷絕五穀（米、麥、粟、豆、黍）與鹽巴七七四十九天，唱誦降三世明王真言「嗡・蘇婆・你蘇婆・吽・蘗棃哩・吽發吒」10萬回，淨化自身。

②面向南方設置調伏用護摩壇，壇前掛降三世明王圖像。

③將捏成敵人模樣的人偶與寫著姓名的紙張丟進調伏用護摩爐，唱誦真言108回，心念必定要咒殺對方。

④抓一把砂擲向人偶，最後將人偶燒掉。

調伏用三角爐

毘沙門天咒殺法

毘沙門天咒殺法雖然對反抗權力的叛逆者或窮凶惡極的罪犯有極大效力，卻必須視咒殺對象來調整儀式。

●自行繪製毘沙門天圖像施行詛咒

　　毘沙門天咒殺法是奉毘沙門天爲本尊咒殺仇敵的密教咒法。此法對反抗權力的叛逆者與窮凶惡極的罪犯固然能發揮極大功效，卻也有必須視對象而調整儀式的特徵。毘沙門天也稱爲多聞天，是代表佛教守護神的四天王之一，是守護北方的武神。

　　毘沙門天咒殺法如下：首先要親自繪製左手持三叉戟、右手插腰的毘沙門天像，再畫毘沙門天身旁隨侍的哪吒太子與坐在腳邊的夜叉。

　　選個不會被別人看到的地方設置護摩壇與調伏用三角爐，壇前張掛毘沙門天圖像；護摩壇以各種花朵裝飾，換上乾淨的衣服焚香。

　　咒殺儀式選在月亮虧缺、伸手不見五指的夜晚展開。唱誦擊破仇敵的詛咒陀羅尼（咒文）「唵・支遮那吠室羅・摩跢野摩娑夜叉・支婆曩莫吠迦吠犁・摩陀囉賀地・娑賀」30萬回，然後焚香供養尊像。

　　接下來就要視詛咒目標不同而展開不同的儀式。

　　咒殺叛逆國家者，要取松葉放進三角爐焚燒，然後唱誦「吠娑羅知世邦」，進入想像世界，以金剛杵打進敵人的頭部與心臟。

　　咒殺窮凶惡極者，要唱誦調伏咒文並以三角爐焚燒苦棟木，還要拿煮苦棟木出來的汁揉合黃土捏成7個敵人土偶，胴體寫上詛咒對象的名字，每日將1個土偶投入火中焚燒即可。

＊日本密教眞言與台灣略有出入，此處採音譯。

毘沙門天咒殺法 奉毘沙門天為本尊咒殺敵人。

對反抗權力的叛逆者與窮凶惡極的罪犯能發揮極大功效。

毘沙門天咒殺法的程序

毘沙門天咒殺法
要按照下列程序執行。

①自行繪製毘沙門天圖像。

②在不會被人看見的地方設置調伏用護摩壇，壇前掛毘沙門天圖像。

③於月亮虧缺、伸手不見五指的夜晚展開儀式。

④欲咒殺叛亂者則以三角爐焚燒松葉，觀想持金剛杵消滅敵人的場景。

⑤欲咒殺窮凶極惡者則焚燒苦楝木，製作7個敵人土偶，每日拿1個投入火中焚燒。

毘沙門天像。坐著的是夜叉，旁邊的隨從則是哪吒太子。

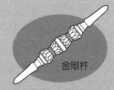

金剛杵

苦楝木＝如荊棘般有刺的樹木或有臭味的樹木。

143

鬼子母神詛咒法

鬼子母神的歡喜母神據傳擁有獲得愛情、破鏡重圓、結成良緣等效果，其中卻也涵蓋能夠消滅邪惡敵人的可怕詛咒法。

●有如吞噬人子夜叉般的黑魔法

　　鬼子母神的印度名稱爲利帝，別名訶利帝，或名歡喜母。她原是奪人子女、食其血肉的恐怖夜叉，直到受佛陀戒律，歸依佛法以後才成爲了幼兒的守護神。因爲祂正是這樣的一位神明，冠其名的歡喜母法自然也被視爲是擁有獲得愛情、破鏡重圓、結成良緣等效果的魔法。

　　不過鬼子母神的歡喜母法當中也不乏用於調伏詛咒的駭人黑魔法，主要是用來消滅隨時會造成威脅的邪惡敵人，而且這種魔法不僅能夠消滅敵人，還能讓敵人全家陷入瘋狂狀態、互相憎恨咒罵衝突，甚至相殺以致全家死絕，是種極恐怖的詛咒。

　　這種魔法儀式內容如下：首先要從墳場等地盜取1顆死人的顱骨，據說生前愈是凶暴、愈是善妒的人，效果愈佳。然後要對著那顱骨結「被甲之印契」，唱誦鬼子母神的陀羅尼（咒文）「挪摩羅挪提拉野・達摩迦利切・摩訶野掐支提（中略）伐利伐提・涅提喇迦提・薩巴吉巴迦喇多業・娑賀」21回，將顱骨藏在敵人住家的祕密處所，這樣便足以讓敵人全家雞犬不寧、慘事連連。

　　但如果敵人因詛咒太恐怖而軟化悔改，甚至乞求原諒的話，也要視情形解開詛咒。解除詛咒要先唱誦鬼子母神咒文21回，並回收藏在敵屋的顱骨，放回原處即可，如此一來，敵人就可以從詛咒得到解放。

*日本密教眞言與台灣略有出入，此處採音譯。

鬼子母神詛咒法 ➡ 使敵方全家互相憎恨，甚至彼此殺戮的恐怖黑魔法。

鬼子母神詛咒法的儀式

鬼子母神詛咒法如下施行。

① 準備生前凶暴善妒者的顱骨1顆。

② 朝顱骨結被甲印契，唱誦鬼子母神陀羅尼21回。

③ 將顱骨藏在敵人住家，就能引起一連串恐怖的慘事。

④ 欲解開詛咒須唱誦鬼子母神咒文21回，回收藏在敵人住家的顱骨放回原處。

鬼子母神
據說有賜子、安產、育子、夫婦和合等效果。

被甲之印契

鬼子母神的陀羅尼

挪摩羅挪提拉野‧達摩迦利切‧摩訶野招支提‧阿婆招業‧薩契業訶吉涅‧婆達伏利野業‧安陀訶利尼業‧範薩谿提拉‧沙韃訶利巴業稀利訶喇業‧巴招韃薩巴薩提巴‧諾拔索利塔耶‧巴招邦訶利切‧訶利泰耶巴貝泰薩蔑‧婆達提遮拔契‧薩婆羅韃耶‧婆訶邦賀拉契薩‧婆訶邦莫西韃羅西‧賀羅谿契喇‧毗欽諾毗諾耶迦‧播利訶薩伐韃多韃‧漫契喇婆達賀鐸喇‧訶喇薩耶‧諦尼耶韃‧西婆韃‧伐利伐提‧涅提喇迦提‧薩巴吉巴迦喇多業‧娑賀

九字法

九字法是日本修驗道與陰陽道均有傳承的普及咒法之一，分成手結九字印與手劃四縱五橫印兩種施行法。

●可作調伏法使用的修驗道護身法

九字法是日本最普及的咒法之一，主要以修驗道與陰陽道為中心流傳至今。此法源自中國的道教，西元4世紀葛洪所著《抱朴子》當中記載名為「六甲祕咒」的驅魔咒文，唱誦的是「臨兵鬥者皆陣列前行」九字。也就是說這九字法原本屬於護身法，直到傳入日本以後才又衍生出護身法以外的功效，甚至可以當作消滅怨敵的調伏法使用。

日本的九字咒文與《抱朴子》稍有出入，而且不同宗派使用的文字也或多或少略有不同，修驗道用的便是「臨兵鬥者皆陣列在前」九字。

九字施行法又分成手結九字印和手劃四縱五橫印兩種。

結九字手印者，必須一字一字唱誦九字，同時間配合與各文字相對應的手印。這九個手印依序是金鋼鈷印（獨鈷印）、大金鋼輪印、外獅子（外師子）印、內獅子（內師子）印、外縛印、內縛印、智拳印、日輪（日光）印、寶瓶（隱形）印。

四縱五橫印也稱為刀印寶或早九字，是豎直兩指作劍印、依序唱誦九字，然後按橫→縱→橫的順序，朝著虛空迅速比劃出格子的形狀。換句話說，「臨」字劃橫、「兵」字劃縱、「鬥」字劃橫，以此類推。

無論使用哪種方法，九字法能將自身意念指向對方、使對方的狀態愈發惡化。

如果使用九字詛咒對方以後又想要中止的話，只要唱誦眞言「擎契利掐伐・伐羅伐羅・縛誐灡拔・娑賀」3回即可。

九字法

| 九字法 | → | ·使用來自中國的九字咒文所行使的咒法。
·原本是護身法，也可作調伏法使用。 |

九字咒文為何？

 臨　 兵　 鬥　 者　 皆　 陳　 列　 在　 前　

九字法的執行方法

九字法分成結九
字印與堯四縱五
橫印2種。

臨＝獨鈷印　　　　兵＝大金剛輪印　　　鬥＝外獅子印

者＝內獅子印　　　皆＝外縛印　　　　　陳＝內縛印

列＝智拳印　　　　在＝日輪印　　　　　前＝寶瓶印

結九字手印的方法

一字一字唱誦九字，同時
間配合與各文字相對應的
手印。

劃四縱五印的方法

豎起兩指結成劍印，一字
一字唱誦九字並按橫→縱
→橫的順序，朝著虛空迅
速比劃出格子的形狀。

劍印

	② 兵	④ 者	⑥ 陳	⑧ 在
① 臨				→
③ 鬥				→
⑤ 皆				→
⑦ 列				→
⑨ 前				→

四縱五橫印的程序

摩利支天隱形法

摩利支天是能夠保護自身免於各種敵人的護身法，若能配合調伏仇敵的摩利支天神鞭法使用便是最強的黑魔法。

●確保施行黑魔法絕對安全的摩利支天

摩利支天是陽炎*之神，任誰都無法看見他的模樣，也就是說他是位不會受到敵人任何攻擊的不死之神。摩利支天也因此而被奉爲隱形法（隱匿身形之術）的守護神，極受忍者、武士諸侯信仰崇拜。

摩利支天隱形法便是修驗道流傳的向摩利支天祈念，與其合爲一體而得其守護的術法。換句話說，摩利支天就是種透過觀想摩利支天而變成有如陽炎般肉眼所不能見的存在，再也沒有任何攻擊可以及於己身的護身法。因爲這個緣故，摩利支天隱形法本身並不能算是黑魔法。但摩利支天卻又被奉爲九字法的本尊，是位擁有調伏怨敵、調伏惡靈的強大神明，同時他也是恐怖的怨敵調伏法——摩利支天神鞭法（請參照No.070）的本尊。

若將摩利支天隱形法搭配同屬摩利支天職掌的神鞭法合併使用，便可以形成一種可怕的黑魔法；因爲一旦這兩種咒法配合起來，施術者就可以從絕對不會受到攻擊的安全場所攻擊敵人，消滅仇敵。

而且使用方法也不困難，只要結摩利支天隱形印，唱誦摩利支天眞言「南摩・三滿多沒・駄南・嗡・摩里支・娑婆訶」想像自己進入摩利支天的體內，與摩利支天合而爲一。如此便能變成如同陽炎般透明，在沒人知道的情況下使用摩利支天神鞭法。不過也有說法認爲隱形法並非眞正隱形的術法，而是摒除心中動搖的術法。

* 見P.219頁No.069注釋

摩利支天隱形法

| 摩利支天
的咒法 | 隱形法 | 使自身隱形的最強護身法。 |
| | 神鞭法 | 恐怖的調伏法。 |

兩者搭配使用便能從絕對不會受到攻擊的安全處所攻擊人，
等同於最強的黑魔法。

絕對安全的隱形

救命啊～

敵人

摩利支天隱形法的施行方法

摩利支天隱形法施行如下。

①結摩利支天隱形印，唱誦摩利支天真
言「南摩‧三滿多沒‧馱南‧嗡‧摩里
支‧娑婆訶」。

②同時想像自己進入摩
利支天體內，與摩利支
天合而為一。

③可以從絕對安全的地
方施行摩利支天神鞭
法。

摩利支天

摩利支天隱形印

左手握住大拇指，
再用右掌整個包起來。

摩利支天神鞭法

修驗道的摩利支天神鞭法是將敵人名字寫在紙上，用棒狀的鞭刺擊紙張的怨敵調伏法，就施行方法來說可謂是最基本的黑魔法。

●將敵人名字寫在圓圈中並持尖棒戳刺

摩利支天神鞭法屬修驗道調伏法，此咒法能使仇敵與惡魔毀滅。摩利支天是陽炎神格化而成神明，作3頭6臂模樣，即便在修驗道眾神當中，也是位特別可怕的本尊，尤其特別受武士奉為守護神。

摩利支天神鞭法是在紙張書寫敵人名字，再用棒狀的鞭戳刺，就施行方法來說是最基本的黑魔法，做法非常簡單。首先砍鹽膚木[*1]樹枝作鞭。鹽膚木是漆樹科的植物，滿山可見，想要使用神鞭法就是要砍鹽膚木樹枝，製作長30～50cm的鞭。做好後拿鞭蘸墨，在紙上畫一個圓，圓裡面寫上象徵摩利支天的摩字（𑀫）跟自己的本名，然後一面唱誦摩利支天的真言「嗡‧麻利西耶依‧娑賀」，一面想像自己變成3隻腳的烏鴉（八咫烏[*2]），烏鴉又變成摩利支天。

接著再畫個圓，寫上「破敵」二字，下方再寫想要詛咒的敵人名字。右手執鞭、左手握拳抵在腰間，戳刺敵人名字三次，重複唱誦「嗡‧麻利西耶依‧娑賀」1000回，同時執鞭不停地戳刺敵人的名字，完畢以後將紙張燒掉。若事先決定要進行百日就必須百日內每日都要執行相同的作業，據說如此就能消滅敵人或惡靈。

若欲施行摩利支天神鞭法，必先實施摩利支天隱形法（No.069）。摩利支天隱形法是透過與摩利支天一體化使自身隱形的術法，因此可以保密不讓別人知道自己在做什麼。

*見P.220頁No.070注釋

摩利支天神鞭法 武士守護神摩利支天的詛咒法。

摩利支天神鞭法的做法

摩利支天神鞭法是最基本的黑魔法，做法非常簡單。

①截鹽膚木樹枝，製作木鞭。

②以鞭蘸墨，在紙上畫圓；圓內寫上象徵摩利支天的摩字 與自己的本名。

本名

③唱頌摩利支天的真言，一面想像自己變成三隻腳的烏鴉（八呎鳥），烏鴉又變成摩利支天。

④再畫個圓，寫上「破敵」二字，下方再寫詛咒對象的名字。

破
敵

敵人的名字

⑤右手執鞭，朝敵人名字戳三次，重複唱誦「嗡‧麻利西耶依‧娑賀」1000回，拿鞭不停地戳刺敵人的名字。

⑥據說每日操作相同作業百日，便能消滅敵人。

武士之神摩利支天全副武裝、騎乘山豬的模樣。

飯綱法

飯綱法是操縱天狗或狐狸的靈藉以實現自身願望的魔法，可應用於咒殺敵人等邪惡目的。

●派遣天狗或狐狸以實現願望的邪法

飯綱（飯繩）法是操縱天狗或狐狸的靈，藉以實現自身願望的修驗道系黑魔法。為何說它是黑魔法呢？因為這些願望當中也包括了咒殺敵人之類的邪惡目的。

飯綱其實是長野縣北信地區的山名，是與戶隱山、妙高山等齊名的名山。傳說山中有位名叫飯綱權現的神，能傳授人飯綱法。根據江戶時代的傳說記錄，1233年曾經有位名為伊藤豐前守忠繩的人攀登飯綱山，進行絕食等修行，向飯綱權現祈求並獲得了神通力，此即為飯綱法的肇始。飯綱權現是位騎乘白狐、手持劍與索（繩索）作**烏天狗**模樣的神明，同時祂也以頗受上杉謙信、武田信玄等武將信仰的武神而聞名。

基本上這是種實現自身願望的咒法，透過飯綱法可以實現的事情非常多。據說室町時代的武將細川政元就曾修行飯綱法而獲得了在空中飄浮與飛行的能力；戰國時代的關白九条植通則是透過張掛輪架裟，結手印並唱誦真言而修得了飯綱法，從此無論他在何處就寢，夜半屋頂必定都有貓頭鷹啼叫，步行時前方必定會刮起旋風。

若想習得飯綱法，必須經歷過極嚴苛的修行，一旦修行得道後想要使用飯綱法卻很簡單。施行飯綱法首先要結飯綱六印法等印形，所謂的六印就是指對應於佛教的地獄道、餓鬼道、畜生道、人道、阿修羅道、天道等六道的六種印形。接著利用觀想法使自身與飯綱權現融合一體化，將生命力灌注進入飯綱六印之中，然後強烈並具體的想像操縱天狗或狐狸的情景，據說天狗或狐狸就會為施法者實現願望。

| 飯綱法 | ➡ | 操縱天狗或狐狸的靈實現願望的法術。 |

何謂飯綱法？

・長野縣北信地區飯綱山中的飯綱權現所授術法。
・1233年伊藤豐前守曾於飯綱山向飯綱權現祈得神通力，是飯綱法的肇始。
・飯綱權現也以武神身分頗受上杉謙信與武田信玄等武將熱心信仰。

飯綱權現

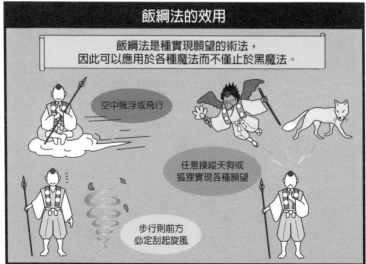

飯綱法的效用

飯綱法是種實現願望的術法，
因此可以應用於各種魔法而不僅止於黑魔法。

空中飄浮或飛行

任意操縱天狗或
狐狸實現各種願望

步行則前方
必定刮起旋風

用語解說

●烏天狗→指跟尋常天狗同樣作山伏打扮，卻擁有烏鴉嘴喙與翅膀的天狗。

軍勝祕咒

軍勝祕咒是南九州修驗道所流傳的咒殺祕法，需要大量使用到人髮、人骨、人血、蛇皮、牛頭、牛血等極度陰森駭人的祭品。

●南九州島津家、兵道家牧家的不傳之祕

軍勝祕咒是南九州修驗道所流傳的咒殺祕法。幕末時期**島津藩**有島津齊興繼承者之爭，一方是齊興側室由羅之子‧島津久光，另一方則是正室之子‧島津齊彬，史稱「由羅騷動」，傳說久光陣營曾經在這場繼承權之爭當中使用軍勝祕咒試圖咒殺齊彬與其子女。

根據直木三十五的小說《南國太平記》的說法，軍勝祕咒是阿毘遮魯迦法祭祀大威德明王所行使的人命調伏法；這是島津家鄉紳、兵道家牧家的不傳之祕，執行方式如下：

首先要設置用來擺放各種咒術道具的正三角形修法壇，此謂壇上三門，三角形各邊長6、7尺。壇中央設置正三角形的護摩爐，稱為鈞召火爐。修法壇面邊緣擺設香爐，禮盤（座位）旁邊則準備108支護摩木（浸過油的乳木*¹與薪柴）。修法壇面也要備好人髮、人骨、人血、蛇皮、肝、鼠毛、豬糞、牛頭、牛血、丁香、白檀、蘇合香*²、毒藥等物，這些全是施行咒殺的祭品，此外也經常會使用到狗頭。

接著正座於禮盤，唱誦「東方阿閦如來、金剛忿怒尊、赤身大力明王、穢瀨忿怒明王、結跏趺坐於月輪之中，圓光魏魏，摧滅惡神。願闍吒羅火、謨賀那火燒盡邪惡心邪惡人，使圓明智火充滿虛空世界」。點燃護摩木、取芥子與鹽巴的混合物揮灑淨化以後進入護摩壇。黑煙竄起以後，再依序將護摩木與祭品投入火中，然後唱誦「南無金剛忿怒尊，御尊體散發青光，縮短○○的壽命吧」「南無赤身大力明王、穢瀨忿怒明王，請成就此大願」，據說便可調伏仇敵。

* 見P.220頁No.072注釋

軍勝祕咒 ➡ ・南九州島津藩流傳的咒殺法。
・島津家後繼者曾使用過的傳說黑魔法。

軍勝祕咒專用的修法壇

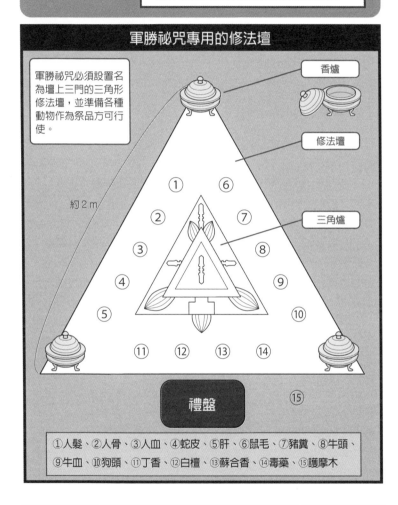

軍勝祕咒必須設置名為壇上三門的三角形修法壇，並準備各種動物作為祭品方可行使。

香爐

修法壇

三角爐

約2 m

① ⑥
② ⑦
③ ⑧
④ ⑨
⑤ ⑩
⑪ ⑫ ⑬ ⑭

禮盤

⑮

①人髮、②人骨、③人血、④蛇皮、⑤肝、⑥鼠毛、⑦豬糞、⑧牛頭、
⑨牛血、⑩狗頭、⑪丁香、⑫白檀、⑬蘇合香、⑭毒藥、⑮護摩木

用語解說

●**島津藩**→指當時領有鹿兒島全境與宮崎縣西南部的薩摩藩（鹿兒島藩）。

附身用反詛咒

日蓮宗流傳的附身用反詛咒法不但能使詛咒失效，還能將詛咒原原本本地反彈給始作俑者，使其覆滅。

●將狐靈附身反彈給施法者使其覆滅

針對遭人詛咒而罹患狐靈附身等疾病的人，日蓮宗有種附身用的反詛咒法。此法不單單能使詛咒失效，還能將其原原本本地反彈給施法者，使其覆滅，可謂是種兼具白魔法與黑魔法兩種性質的魔法。

執行此儀式必須準備稻草人偶，人偶身體四肢貼著寫有固定咒文的紙張，左右兩臂寫「眾生被困厄，無量苦逼身」，胸口左右貼「緒余怨敵，皆悉摧滅」，中央貼「還著於本人」，左右兩腳則貼「咒詛緒毒藥，所欲害身者」。讓稻草人偶雙手拿著御幣＊，還要準備幾支木劍和36支五寸釘。執行儀式時，讓遭狐靈附身者雙手拿著御幣，再用五彩繩線連繫人偶與病人的御幣，讓人偶坐在椅狀的台座上。

儀式從晚上7點開始展開，參加者包括執行儀式的修驗者、擔任助手的協驗者、病人與看護者。首先要不停唱誦《法華經》的第一章，待病人手上的御幣動起來、牽動人偶手中的御幣，便唱誦曰「咒詛緒毒藥，所欲害身者，念彼觀音力，若不順我咒，腦亂說法者，頭破作七分，緒余怨敵，皆悉摧滅」，同時將五寸釘打入人偶頭部、木劍刺進人偶的雙肩雙股。每次儀式使用7～11支五寸釘，每晚重複執行。待一尊人偶打滿36支釘子以後，再將木偶藏進箱子裡，然後再拿一尊新的人偶從頭執行相同的儀式。

如此不斷重複相同的儀式直到病人恢復，屆時附身的靈體就會反彈、施咒者就會頭破血流而死。所有問題都解決以後，就可以把釘子全部拔起來，帶著人偶到某個遠離人煙的地方挖洞埋掉。

附身用反詛咒

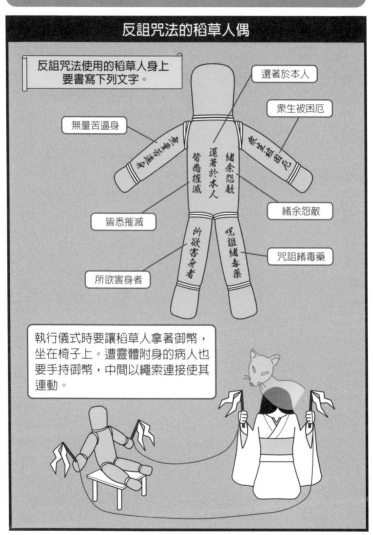

反詛咒法 ➡ 將附身靈體反彈使施咒者毀滅的咒法。

反詛咒法的稻草人偶

反詛咒法使用的稻草人身上要書寫下列文字。

- 還著於本人
- 眾生被困厄
- 無量苦逼身
- 緒余怨敵
- 皆悉摧滅
- 咒詛緒毒藥
- 所欲害身者

執行儀式時要讓稻草人拿著御幣，坐在椅子上。遭靈體附身的病人也要手持御幣，中間以繩索連接使其連動。

* 見P.220頁No.073注釋

蛤蟆妖術

江戶時代的小說與戲劇當中惡漢使用的蛤蟆妖術就是變身成巨大的蛤蟆，口吐烈炎或毒霧的黑魔法。

●因天竺德兵衛與兒雷也物語而聞名的黑魔法

蛤蟆妖術是江戶時代小說或戲劇中惡漢經常使用的一種邪惡的黑魔法。若論能夠行使蛤蟆妖術的妖術師，則以淨瑠璃《傾城島原蛙合戰》（1719年）的七草四郎藤原高平、歌舞伎《天竺德兵衛聞書往來》（1757年），小說《自來也說話》（1806年）或《兒雷也豪傑物語》（1839～1868年）等作品所提到的自來也或兒雷也最為著名。

不同故事對蛤蟆妖術由來的描述雖然有些出入，不過大同小異，此處且以天竺德兵衛的故事為例進行介紹。

根據《敵討天竺德兵衛》記載，蛤蟆妖術是源自於中國蛤蟆仙人的妖術。德兵衛在鬼海島的蛤蟆谷向奇人肉芝道人拜師學道三年，經過各種苦難磨練以後終於習得蛤蟆之術，從此便改以天竺德兵衛自稱。

蛤蟆術基本上屬於變身術，術師可透過咒文變身成為巨大的蛤蟆。變成蛤蟆以後可以騰雲駕霧飛行、口吐烈炎或毒氣、颳起濃霧瘴氣，除此以外還能亂人心神、欺人耳目。

其咒文有各種不同種類，最簡單的就是「でいでい・はらいそはらいそ」（答伊答伊・哈拉伊梭哈拉伊梭），只要詠唱此咒文便能變身。也有一說指這「でい」與「はらいそ」其實是基督教用語，分指「Zeus（神）」與「Paradise（天國）」。

但蛤蟆終究只不過是蛙類，始終背負著怕蛇的致命缺點，往往會輸給生肖屬蛇的敵人。據說最後當德兵衛敗下陣來，蛤蟆仙人也就此離去了。

蛤蟆妖術

| 蛤蟆妖術 | ➡ | 變身成巨大蛤蟆、欺人耳目的黑魔法。 |

天竺德兵衛的蛤蟆妖術

《敵討天竺德兵衛》裡的蛤蟆妖術。

創始者 中國的蛤蟆仙人

咒文 答伊答伊・哈拉伊棱哈拉伊棱

有何能力？

騰雲駕霧

變身成巨大蛤蟆

口吐毒氣

口吐烈炎

颳起濃霧

亂人心神

欺人耳目

弱點是？ 怕蛇。容易輸給屬蛇的敵人。

鼠之妖術

所謂的鼠之妖術便是操縱成千上萬大量老鼠，或變身成老鼠，藉此襲擊他人為害的黑魔法。

●口吐老鼠為害他人的黑魔法

鼠之妖術跟蛤蟆妖術同樣，都是江戶時代小說與戲劇中惡漢經常使用的黑魔法之一。能使鼠之妖術的惡漢，包括山東京傳所著小說《昔語稻妻表紙》（1806年）的賴豪院、曲亭馬琴所著小說《賴豪阿闍梨怪鼠傳》（1808年）的美妙水冠者義高，以及歌舞伎《伽羅先代萩》的仁木彈正等人物。

從前段二度提及賴豪這個名字便不難想見，賴豪跟鼠之妖術頗有淵源。賴豪本是11世紀後半葉三井寺的高僧，卻在跟延曆寺的權力鬥爭中敗下陣來，飲恨而終。

相傳賴豪死後過沒多久，其怨靈便化作了鐵牙石身的84,000隻老鼠攻進延曆寺，四處啃咬佛像與佛書經典。因為這個緣故，江戶時代的故事只要提到鼠之妖術，就會立刻聯想到賴豪。

鼠之妖術的內容也跟賴豪傳說頗為類似，是種能夠操縱成千上萬大量老鼠的術法，或是變身成老鼠的法術。

先看看《昔語稻妻表紙》這部作品，故事裡有位名叫賴豪院的修驗者，他受多位惡漢委託用法術向該領地的少主施詛咒，結果少主不但罹病，還讓無數老鼠咬遍頭髮與全身血肉，愈見衰弱，甚至賴豪還變身成老鼠，前來奪少主的性命，好在警衛適時趕到暫時救了少主一命，豈料賴豪現出原形後又從口中吐出大量老鼠，讓在場眾人動彈不得，自己卻趁隙逃脫。

不過既然是老鼠，勢必始終無法克服怕貓的弱點。許多故事都說鼠之妖術一旦遇見貓就會破功，而且也往往會敗給名字裡有貓這個字的人。

鼠之妖術 → ・操縱無數鼠類攻擊敵人的術法。
・可變身成老鼠。

傳說變成鼠之怨靈襲擊延曆寺的11世紀後期三井寺高僧賴豪，在江戶時代的妖怪畫集《畫圖百鬼夜行》（鳥山石燕繪）裡面被畫成了名為「鐵鼠」的妖怪。

賴豪

小說《昔語稻妻表紙》的鼠之妖術

江戶時代的小說《昔語稻妻表紙》曾述及使用鼠之妖術能變出無數老鼠使他人致病，或變身成巨鼠抑，或是口吐老鼠。

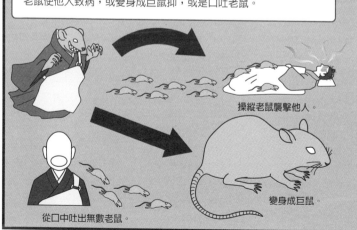

操縱老鼠襲擊他人。

變身成巨鼠。

從口中吐出無數老鼠。

咒術・魔法・妖術・邪術

　　日語裡面有咒術、魔術、妖術、邪術、魔法等許多指稱魔法相關概念的用語，這些用語分別有何種意涵呢？在此借用幾位聞名世界的名人說法，來驗證以上用語該如何使用。

　　首先從詹姆斯・弗雷澤的《金枝》看起。正如同本書第1章末專欄所述，《金枝》記載了許多咒術相關事項。筆者選用的譯書是岩波文庫版本，書中譯為咒術的地方英語原文作「magic」（magic也可譯作魔術，也就是說咒術與魔術是相同的）。弗雷澤又將咒術分成理論性咒術與實際咒術，然後再進一步將實際咒術分成積極咒術與消極咒術兩種。

　　所謂的積極咒術就是指治療疾病或咒殺他人之類有積極作為的咒術，而消極咒術通常都是禁止某事的咒術，例如名字關係著人的本質，所以萬萬不可以真名稱呼他人之類的禁止咒術。講到這兩種咒術，弗雷澤將積極咒術稱為「sorcery」，消極咒術則稱「taboo」，翻譯過來則是「sorcery」是魔法，「taboo」是禁忌，從這裡就不難推斷，所謂的魔法就等於是欲積極作為造成某種影響的咒術。

　　接下來讓我們看看日語譯本由瑞穗書房出版的艾德華・伊凡─普理查（E.E. Evans-Pritchard）作品《阿贊德人的巫術、神諭和魔法》（*Witchcraft, Oracles and Magic Among the Azande*）（1937年發行）。這是部介紹非洲末開化民族阿贊德人咒術的名著，這部作品又在咒術（magic）概念底下首創妖術（witchcraft）與邪術（sorcery）這兩個前所未有的概念而聞名。根據他的說法，有些人天生就擁有能夠加害他人的心靈力量，那種力量就是妖術。換言之，所謂的妖術就是與生俱來的心靈力量，妖術師欲加害他人不需有任何特殊行動，有時候甚至可能完全不受自身意志限制就害到了他人。相對的，使用咒物等道具加害他人的惡性咒術，就是邪術。這種並非與生俱來的力量，只要按照正確的方法任何人都可以行使。

　　不過還有一點必須特別注意，「witchcraft」這個英文單字並非總是用來指稱這個意涵。介紹歐洲獵女巫時代女巫的書籍便曾經將「witchcraft」譯作巫術；此時的「witchcraft」就是與惡魔締結契約後的女巫法術，而絕非指稱某些特定人物與生俱來心靈力量的那種妖術。其次，「sorcery」這個英語單字在《金枝》中譯作魔法，《阿贊德人的巫術、神諭和魔法》卻譯作邪術，這點也值得注意。

　　從這裡便不難發現，咒術、魔術、妖術、邪術、魔法等用語固然涵意的確是各不相同，卻也很難做出嚴密的定義。

第 4 章

中國與其他地區的黑魔法

中國的黑魔法

除一般使用人偶施詛咒的黑魔法以外，中國還另有由獨特的「氣」思想衍生出來的黑魔法、異族傳入的黑魔法等，各種類型五花八門。

●早自古代便高度發達的中國黑魔法

黑魔法在中國經常作巫蠱或厭魅等稱呼，這個擁有4000年歷史的國家，黑魔法的歷史自然也非常悠久。

西元前3世紀初的戰國時代，秦昭襄王就曾經命人雕刻名為「詛楚文」的石碑詛咒強敵楚懷王。西元前2世紀末漢武帝攻打大宛時，也曾舉行過國家規模的祭祀儀式詛咒敵國。

就詛咒個人的層級而言，漢代也曾盛行使用木偶的詛咒法，這也是為什麼漢武帝年老後總是懷疑自己遭到周圍眾人詛咒，而屢屢以施行黑魔法罪名將清白無罪者處以極刑。但其實在宮廷裡面，以黑魔法作為武器的女性遠比男性要來得多。當權者的妻子往往想方設法要讓自己親生的兒子繼承王位，從而讓黑魔法師詛咒其他競爭者。

中國也以「氣」的思想聞名，當然也有光靠這個「氣」便能殺人的魔法——禁人，不過這種技法與其說是種魔法，倒不如說是某種超能力可能還更貼切。另外，有許多黑心魔法師會利用黑魔法賺錢，他們會使用攝魂術奪人魂魄，或是施法讓酒家的酒變質腐壞，藉此榨取財物。

中國歷史悠久且幅員遼闊，從前異族活動也相當繁盛興隆，因此經由異族傳入的黑魔法自然也不在少數，其中最具代表性的當屬世稱蠱毒的黑魔法，原先流傳於西南方的異族之間。中國西南地區與眾不同的黑魔法似乎特別豐富，除蠱毒以外，還有利用狐狸唾液詛咒他人的狐涎法，以及令女性褪去衣衫以行姦淫的玉女喜神術等。

中國的黑魔法

中國的黑魔法 ➡
・稱為巫蠱或厭魅。
・早在西元前便已經有國家規模的黑魔法。

大至國家的黑魔法
詛咒敵國或敵國國王的魔法。

小至個人的黑魔法
詛咒敵對個人的魔法。

● 中國主要的個人黑魔法
中國如此廣大,光是針對個人的黑魔法就有諸多不同種類。

木偶詛咒 ➡
・流行於漢代。
・後宮女子用於打擊爭寵者。

禁 人 ➡
光靠「氣」的力量便能咒殺他人,接近超能力的黑魔法。

攝 魂 ➡
剝奪生靈,使人生病或將其殺害的黑魔法。

敗酒之術 ➡
讓釀酒家的酒腐壞藉以榨取財物的黑魔法。

蠱毒法 ➡
經由西南方異族傳入中國的恐怖黑魔法。

狐涎法 ➡
盛行於西南地區,利用狐狸唾液詛咒他人的黑魔法。

玉女喜神術 ➡
西南地區用來令女性褪去衣衫,行姦淫之事的黑魔法。

禹步

禹步是道教執行魔法儀式時會使用的步行法,雖然它本身並非黑魔法,但卻是執行各種黑魔法時所不可或缺的技法。

●可作為黑魔法應用的道家步行咒法

　　道教的魔法儀式經常會使用到禹步,這是種走起來看似跟蹌的步行技法,屬於道教系統的魔法無論是黑魔法或白魔法,儀式中都經常使用到禹步。

　　譬如貓鬼法就是一種可以打造人頭貓身怪物的可怕黑魔法,其詳細做法如下:首先養隻貓,與牠親近,再找個約莫1歲就夭折的嬰兒,抱著貓去墓地將嬰兒的屍體挖出來,腳踏禹步唱咒,砍下貓頭與嬰兒的頭,將嬰兒頭顱塞進貓屍腹中,唱誦咒文,貓就會復甦,變成人頭貓身的怪物。只要派這個怪物去偷竊,就算半夜偷進別人家裡也不會被發現,唯獨家裡養的狗會有所感應,而這個怪物也只怕狗,並且無論如何也無法克服這個弱點。

　　從此便不難發現,禹步本身並非黑魔法,卻往往是執行黑魔法時所不可或缺的技法。

　　儘管禹步的步法大致上是隨著時代而從簡單愈趨繁複,堪稱道教魔法聖經——葛洪《抱朴子》所記載的方法卻很簡單。根據《抱朴子》仙藥篇記載的方法如下:兩腳併攏而立,首先跨出左腳,接著右腳再往前踏出,然後將前方的右腳收攏與左腳併合,此爲第一階段;第二階段是先跨出右腳,再踏出左腳,然後將左腳收回與右腳併攏;第三階段按照第一階段執行,至此便完成禹步。

　　禹步當中的禹字,是指中國太古時代傳說中的聖王。傳說禹爲治理黃河水患而奔走,途中受傷拖著腳步而行,該步法就是後來的禹步。

禹步

| 禹步 | → | · 跟蹌而行的步法。
· 中國魔法儀式中不可或缺的技法。 |

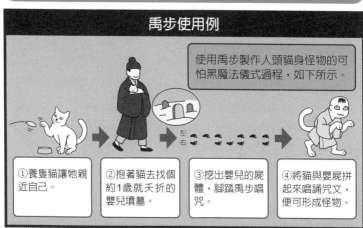

禹步使用例

使用禹步製作人頭貓身怪物的可怕黑魔法儀式過程，如下所示。

①養隻貓讓牠親近自己。

②抱著貓去找個約1歲就夭折的嬰兒墳墓。

左
右

③挖出嬰兒的屍體，腳踏禹步唱咒。

④將貓與嬰屍拼起來唱誦咒文，便可形成怪物。

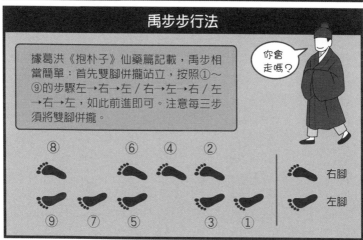

禹步步行法

據葛洪《抱朴子》仙藥篇記載，禹步相當簡單：首先雙腳併攏站立，按照①～⑨的步驟左→右→左／右→左→右／左→右→左，如此前進即可。注意每三步須將雙腳併攏。

你會走嗎？

⑧ ⑥ ④ ②

⑨ ⑦ ⑤ ③ ①

右腳

左腳

用語解說

●道教→中國最具代表性的民族宗教，講究追求現世利益，咒術性格強烈，以長生不老為主要目的。

167

No.078

禁人

禁人是古中國魔法——禁術的其中一種。此法是利用氣的力量剝奪事物能力，同時還能使能力逆轉。

●剝奪事物能力的一種禁術

禁人是古代中國所使用的魔法——禁術的其中一種。

所謂的禁術，就是運用「氣」的力量剝奪事物能力的魔法。舉例來說，若是在大釘子已經深深打入木頭的狀態下施行禁術，原本釘在木材裡的釘子就會從木頭裡面噴出來。如果士兵中箭而箭頭還留在身體裡面，使用禁術便能把箭頭從身體裡拔出來；行走於常有毒蛇出沒的山地或河川地帶時，只要對毒蛇使用禁術，就不會遭到毒蛇囓咬；對流動的河水施以禁術，便能使河水逆流一里之遙。

將禁術應用在人類身上，即為禁人。光憑氣的運作便能使活生生的人動彈不得。雖然說禁人跟禁術同樣，視使用方法不同也可以稱得上是白魔法，但如果禁錮過度就會變成能使頭顱破裂的恐怖黑魔法。

根據《神仙傳》（卷五）記載，從前有位精通禁術的仙人叫做劉憑。有次劉憑接受委託護送商隊，途中卻在山裡遭到多達數百人的盜賊包圍，劉憑遂使用禁術讓盜賊射出的箭悉數反彈射向盜賊，接下來狂風大作、砂塵飛揚、樹木傾倒。

劉憑大聲斥罵盜賊，使出禁人之術，只見眾盜賊齊聲跪倒、頭頂著地面、雙手背在身後無法動彈，呼吸也愈來愈困難。尤其是三名頭目更是特別悽慘，鼻竅流血、頭骨迸裂，當場死亡。劉憑好生告誡了一番才釋放了其餘賊眾，光是如此便足以窺見禁人之術究竟是何等恐怖。

禁人

| 禁　術 ➡ | 運用氣的力量剝奪事物能力的魔法。 |

使用禁術便能辦到這些事情。

・拔出深深打進木頭的釘子。
・拔出刺進體內的箭頭。
・免於毒蛇嚙咬。
・河水逆流。

喝！

滑動

什麼!!

| 禁　人 ➡ | 將禁術應用於人類身上的魔法。 |

禁人能使人動彈不得，一旦禁錮過度就會變成可怕的黑魔法。

・動彈不得。
・雙手背在身後無法活動。
・呼吸困難。
・流鼻血、頭顱迸裂，當場死亡。

喝！

噎……

用語解說

●氣→中國人傳統信仰的宇宙力量。

●《神仙傳》→中國兩晉時代的作品，收錄多達90名以上的仙人傳說。與《抱朴子》同為葛洪所著。

攝魂（攝生魂）

召喚活人生靈或魂魄的攝魂術一旦遭到惡用，就會變成奪取人命，甚至奴役他人生靈的恐怖黑魔法。

●奪取並拘禁他人生靈的邪術

所謂的攝魂或攝生魂，是種召喚他人生靈、生魂（活人的靈或魂）以便驅使的法術。倘若只是召喚生靈，並不會造成實際傷害，但如果遭到惡用將會變成極恐怖的黑魔法。若以攝魂法害人，經常都是將召喚來的生靈關在甕或桶子裡面。

北宋仁宗皇帝時代有位道士因為客人不肯支付謝禮，就在密室裡設置祭壇，放個大桶子，然後披頭散髮揮舞長劍將那人的生靈趕進桶子，拿塊石頭壓著，將生靈囚禁在裡面。只要如此施法，遭詛咒者就會生病，甚至可能死亡。當然，只要那個人或他的親友在病情惡化到無可收拾前支付謝禮，道士就會釋放生魂，病人很快就能痊癒。

除此之外，也可以在奪得生靈後殺死對方，再利用留下來的靈魂從事犯罪。元至正3年（1343年）便發生了一樁妖術殺人案：有位名叫王萬里的占卜師捕捉了幾名少年少女的生靈，先將他們悉數殘殺，再利用他們的靈魂犯罪。

當時曾經沒收王萬里所使用的各種魔法道具，這些道具包括：木印、黑繩、女偶、紙張、五色絹布、五色毛線、小葫蘆1個；葫蘆上頭拴著紅頭繩，裡面裝著2顆琥珀珠、外包五色毛線，還貼著一道朱書符命。

官員又進一步調查，發現這些東西是取少年少女的心臟與肝臟乾燥後磨成粉末，包起來用五色毛線與頭髮綑成人偶，灑符水再施以魔法。也就是說，王萬里就是使用這些魔法道具施行黑魔法，驅使他強奪而來的少年少女生靈。

攝魂（攝生魂）

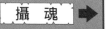攝　魂　→
- 召喚生靈生魂並驅使的法術。
- 將生靈生魂囚於甕中為非作歹的法術。

將生靈禁錮於桶中的方法

捕捉生靈必須於密室設置祭壇，放個大桶子，
然後披頭散髮揮舞長劍將生靈趕進桶子，拿塊石頭壓著。

生靈遭剝奪者，嚴重可能
會喪命。

祭　壇

劍

散髮

生靈

石頭

祭壇

桶子

驅使他人生靈犯罪的魔法道具

木印

黑繩

五色毛線

女偶

葫蘆

傳說元代官府逮捕的黑魔法師便
是利用這些道具殺害少年少女，
驅使其生靈犯罪。

葫蘆外包五色毛線、上頭拴
著紅頭繩、貼著朱書符命，
裡面裝著2顆琥珀珠。

木偶厭魅之術

木偶厭魅就是利用木製人偶詛咒他人，可說是種相當普遍的黑魔法。中國人選擇用木頭製作人偶時，通常是用來詛咒特定的個人。

●主要用來詛咒特定個人的木偶厭魅之術

　　木偶厭魅之術是利用人形木偶詛咒他人的中國黑魔法。中國也如同世界其他地方，自古以來就有利用人偶來詛咒他人的黑魔法。

　　人偶的材質有很多種，不過一般來說木偶通常都是拿來咒殺特定的個人使用。又因為漢代經常選用桐木材質，因此中國也稱詛咒用人偶為桐人。

　　詛咒的詳細步驟與儀式內容須視施術者而異，基本上不外乎是刻木為偶、埋進土裡使用。怨念較深的人，也會替人偶加上腳鐐手銬、綑綁雙手，或是朝人偶的心臟打釘。

　　先來看看中國古文獻中記載的木偶厭魅之術用的是什麼方法吧。

　　清代作家褚人穫《堅瓠廣集》卷三有則「咒狀元」的故事。從前浙江省有個韓狀元侵占鄰家土地，鄰居雖然想要討回，卻苦於狀元的權勢而莫可奈何。就在這個時候，他們聽說了有個精通木偶厭魅之術的風水師，立刻花大錢將風水師請來施咒。

　　風水師請壇燒符並唱誦特殊咒語，花了七天七夜刻成了1尊7寸大的桃木偶，木偶製成以後便每晚唱誦咒文，朝地面打進1寸，重複操作了七個晚上，終於將木偶全部打進了地底。當時韓狀元正在都城跟夫人飲酒，豈料夫人突然發怒，朝狀元的臉上胡亂抓，抓得狀元滿身是血，當天晚上就死了。

木偶厭魅之術

木偶厭魅之術 ➡ 以木偶行詛咒的黑魔法。

中國經常選用桐木製作，故稱詛咒人偶為桐人。

木偶厭魅的方法

一般的方法

①用木頭刻成人偶。

②視必要加上腳鐐手拷，心臟打釘。

③挖洞埋進地面。

小說記載的複雜方法

鏗鏗
鏗鏗

看我的！

①花費七天七夜將桃木刻成7寸的人偶。

②唱誦咒文，每晚將人偶打進地底1寸。待人偶全數沒入地面之際，敵人就會斃命。

草人紙人厭魅之術

在中國，木偶主要是用來詛咒特定的個人，草人紙人則是用來詛咒不特定的多數人。

●使全市陷入恐慌狀態的邪法

雖說同樣都是人偶，不過中國人相信使用草人紙人施行咒術時，效果跟使用木偶不同。

木偶在中國主要是用來詛咒特定個人目標的道具，相對的草人紙人則多是用來詛咒不特定的多數人。取草葉或紙張便可製成狐狸、貓狗等動物，甚至是**魑魅魍魎**的形狀，再操縱他們騷擾市民、引發恐慌，便是這項魔法的目的。

催動草人紙人等人形偶有很多不同的方法，其中一種方法如下：首先準備紙張，將紙張剪成各種鳥獸的形狀，排列在地面上；手中持刀，腳踏禹步並唱誦咒文，以口含水作霧狀噴向紙人。

如此一來，紙人就會進入他人家中，從各個角落現身恫嚇人們，還會在他人家中四處搗亂、打碎器皿、推翻棚架，弄得一塌糊塗。成功在城裡引發混亂以後，再度踏禹步唱誦咒文，所有紙人就會從窗口飄回原來的地面上，變回平凡無奇的紙張。

有些魔法使用的並非如此簡單的草人紙人，而是以竹為骨、貼紙為皮所製成的紙偶。此時須在紙偶的4隻腳全部貼上寫有**篆字**的紙符，在腹部寫上「有事千變萬化，無事速去速來」，再拿一支釘子與小蟲用紙包著，放進紙偶裡面後，紙偶就會彷彿有生命般活動起來，跑去嚇人。

草人紙人厭魅之術

 草人厭魅 ➡ 使用草人的詛咒法。

 紙人厭魅 ➡ 使用紙人的詛咒法。

使不特定的多數人陷入恐慌的黑魔法

草人紙人厭魅之術的進行程序

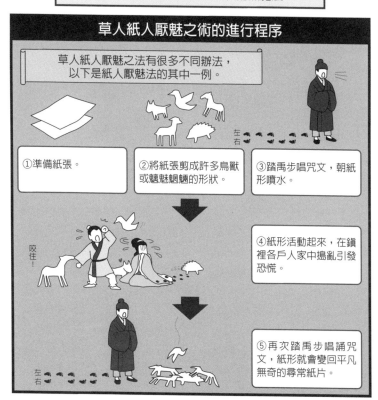

草人紙人厭魅之法有很多不同辦法，
以下是紙人厭魅法的其中一例。

①準備紙張。

②將紙張剪成許多鳥獸或魑魅魍魎的形狀。

③踏禹步唱咒文，朝紙形噴水。

左右

咬住！

④紙形活動起來，在鎮裡各戶人家中搗亂引發恐慌。

左右

⑤再次踏禹步唱誦咒文，紙形就會變回平凡無奇的尋常紙片。

用語解說

●篆字→用篆體寫的漢字。這種字體屬於古代文字，現今的印章仍會使用。

厭魅之術的各種道具

中國的厭魅之術除了使用木頭、草葉、紙張製成的人形獸形偶像以外，還會使用衣服或名為牛頭願的木版像等種類繁多的咒物。

●使用各種咒物的中國厭魅之術

中國的許多厭魅之術會用到木頭、草葉、紙張等材質製作人形或獸形的偶像，不過除此之外還有各種模樣各異的器物可以拿來當作詛咒道具使用。

自古以來使用衣服就是魔法的基本原則之一，中國也有相同的詛咒法。明代作家陸粲的隨筆集《庚巳編》卷三「楚巫」便記載到使用綁腿與鴨頭施行詛咒的故事。

從前楚國的某位有力人士脫下綁腿，結果綁腿被風給吹走，某個名叫姜聰的男子偶然得到綁腿，心中起了歹念。他宰殺鴨子、用綁腿包住鴨頭，拿到神明坐鎮的地方打鐵釘、唱誦咒文。那位有力人士的腳果真痛了起來，吃也吃不下、睡也睡不著，就算請咒術師日夜祈禱也不見起色。此時，姜聰出面表示自己能治這個病，先跟受害者的部下收了錢才拔出了釘在綁腿上的鐵釘，果然那人的腳很快就不痛了。後來姜聰又這樣如法泡製了好幾次，賺到巨額的禮金。

清代作家施鴻保的《閩雜記》也曾經記載拿木板雕刻牛頭、馬頭、狗頭的「牛頭願」詛咒法。對他人心懷怨恨者可以購買幾十張施牛頭願詛咒法的印紙，取一半拿到雕像前面燒掉，右手敲打雕像並訴說怨恨，然後說「請跟我來」將神靈領到對方家門前。來到對方住家前方，再取出剩下的印紙焚燒，將怨恨的內容重複訴說三次。如此一來，那戶人家就會生病或是有人喪命。牛頭願的廟似乎是專作詛咒使用，廟裡有販賣各式各樣的詛咒用印紙，甚至還有能夠讓仇敵發瘋的印紙。

中國的詛咒道具　➡　有許多用木頭、草葉、紙張等製作的人偶或獸偶。

還有許多詛咒道具！

鴨頭詛咒法

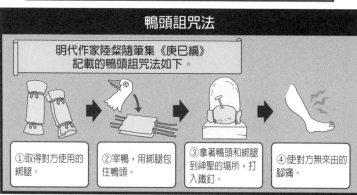

明代作家陸粲隨筆集《庚巳編》
記載的鴨頭詛咒法如下。

①取得對方使用的綁腿。

②宰鴨，用綁腿包住鴨頭。

③拿著鴨頭和綁腿到神聖的場所，打入鐵釘。

④使對方無來由的腳痛。

牛頭願的施法步驟

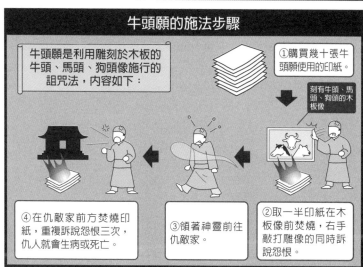

牛頭願是利用雕刻於木板的牛頭、馬頭、狗頭像施行的詛咒法，內容如下：

①購買幾十張牛頭願使用的印紙。

刻有牛頭、馬頭、狗頭的木板像

②取一半印紙在木板像前焚燒，右手敲打雕像的同時訴說怨恨。

③領著神靈前往仇敵家。

④在仇敵家前方焚燒印紙，重複訴說怨恨三次，仇人就會生病或死亡。

No.083

工匠厭魅之術

工匠厭魅之術有別於其他使用人偶的詛咒法在於，此法必須委託木匠等工匠，在目標人物家中布置人偶。

●透過土木建築工匠布置人偶的黑魔法

中國將使用人偶詛咒他人的法術稱爲厭魅或厭勝，其中有種利用木匠等工匠在目標人物家中布置設下人偶的詛咒法。這裡所謂的工匠厭魅之術，指的便是這種類型的詛咒法。

這種術法雖然通常是要委託木匠等工匠進行，不過有時候木匠卻也會主動使用這種詛咒，例如蓋房子時有些木匠覺得伙食或待遇太差而感到不滿，就會偷偷製作人形木偶或紙偶藏在天花板或牆壁裡面來詛咒屋主。總之不管是受人之托或出於自身意志，這種詛咒一旦生效就會讓該戶人家發生不幸。

欲使某戶人家裡的某人生病，那就要清楚的祈禱並說出口希望誰生病，這是工匠厭魅之術的基礎，而且也只有清楚的將詛咒內容說出口，那些人偶與器具方才能成爲擁有詛咒效果的咒具。

視不同目的使用不同的人偶，則是另一個確保詛咒效果的方法。舉例來說，若是將2尊木偶作扭打的模樣擺在橫樑間，那房子就會夜夜傳來好像有人在扭打的聲音；若是弄個彷彿正在與眾多男子交合的春宮女偶藏在屋頂椽木，生出來的女兒全都是愛搞外遇；擺個吵架中的男女人偶，就能夠使那戶人家家庭失和、夫婦子女爭吵，甚至出手相向；如果做個乘著雙頭馬車往外面奔馳的人偶藏在家中，那戶人家就會愈來愈貧窮；做個撒尿模樣人偶藏在寢室天花板裡，住在那裡的人就會尿床。

不過只要找出這些人偶燒掉便可破解厭魅之術，而且施術的木匠也會隨即斃命。

工匠厭魅之術

 工匠厭魅 ➡ 由土木建築工匠布置人偶的黑魔法。

請幫我折磨那家的
主人。

拜託拜託

待遇太差我就
教訓你！

工匠厭魅之術可以是他人委託木匠執
行，也可以是木匠憑自身意志施行。

工匠厭魅之術的基礎

布置人偶等咒物時必須清楚
說出目的，此為工匠厭魅之
術的基礎。

讓這家頑固的
主人患盲腸炎
吧！

對應於不同目的的人偶

若能視不同目的使用相對應的人偶，便能進一步確保工匠厭魅之術的效果

扭打的男女人偶	乘馬車向外奔馳的人偶	春宮女偶	撒尿的人偶
夫妻鎮日爭吵，家庭失和。	愈來愈貧窮。	生的女兒全都愛搞外遇。	住戶罹患夜尿症。

蠱毒法

蠱毒法是種使用蛇、蛤蟆、壁虎、蠶等噁心的昆蟲或爬蟲類咒殺他人，甚至奪取他人財產的邪術。

●藉昆蟲、爬蟲類等毒蟲行使咒殺與斂財的邪法

所謂的**蠱毒法**就是使用毒蛇、蛤蟆、壁虎、蜘蛛、蠶、虱子、蜈蚣等噁心的昆蟲、爬蟲類或兩棲類來咒殺他人，甚至奪取他人財產的邪術，因此蠱毒法的施術者家裡會愈來愈富有。除昆蟲爬蟲類以外，有時也會使用雞犬貓羊等比較大的動物施法。

雖然說蠱毒也有可能是自然而然在家中形成，不過絕大多數其實都是按照下列方法製作：正如「蠱」字（器皿載著許多蟲）所示，此法是將諸多種類的昆蟲與小動物放進甕裡加蓋，讓牠們互噬，最後只剩下1隻存活，而這隻蟲就是名為蠱毒的特殊毒物。

也有一說指出必須選在端午將毒蟲投入甕中，待過年後再打開甕蓋，屆時仍然活著的那隻蟲便是蠱毒。倘若存活下來的是蛇便稱「蛇蠱」，若是蜈蚣便稱「蜈蚣蠱」。

得到蠱毒後必須好好飼養，每年定時祭祀數次，然後將蠱毒摻進詛咒目標的食物裡面，讓對方吃下去。有些做法是使用蠱毒的糞便或是將蠱毒燒成粉末讓對方食用，有些則是將蠱毒埋在對方住家下方。遭詛咒者就會因此斃命，其財產就會轉而進入養蠱毒者之手，所以養蠱毒的人會變得愈來愈有錢。

蠱毒在使用過後並不會死亡，仍然還要繼續飼養。從最普遍的蠱毒——金蠶蠱（請參照No.085）便不難發覺，長期飼養蠱毒可不是件輕鬆的事。因為這個緣故，固然有染指蠱毒而致富的人，但最後因無力持續飼養而導致家破人亡的案例卻也是多如牛毛。

蠱毒法

| 何謂蠱毒法 | 利用各種小動物（蠱毒）咒殺他人、奪取財產的邪術。 |

蠱毒的製作方法

①將蛇、壁虎、蜈蚣等蠱毒關在甕裡使其互噬。

②最後存活下來的那一隻便是蠱毒。

③好好飼養，每年祭祀數回，便可用於蠱毒法。

蠱毒的使用方法

蠱毒有許多不同的使用方法，包括取蠱毒糞便讓目標食用，或是將蠱毒埋在對方住家底下。

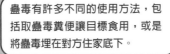

蠱毒

直接讓對方吃下肚。

取糞便讓對方吃下。

製成粉末讓對方吃下去。

埋在對方住家底下。

用語解說

●蠱毒法→亦稱蠱術。

金蠶蟲

金蠶蟲在所有利用生物行使咒殺斂財的蠱毒法當中是最為人所知的術法，這是利用跟蠶相當類似的「食錦蟲」而行的黑魔法。

●最具代表性的著名蠱毒法

在所有利用生物行使咒殺斂財的蠱毒法當中，金蠶蟲是最為人所知的一種。據說所謂的金蠶是種酷似蠶的蟲子「食錦蟲」；這是種金色的蟲，彎曲著身軀就彷彿像只戒指似的，就像蠶吃桑葉那般食用昂貴的錦緞維生。

金蠶的使用方法很簡單，只要將金蠶的糞便摻入詛咒目標的食物裡讓對方吃下肚，那人便會中毒身亡，但金蠶法的效果並不僅止於此。遭咒殺者的財產還會轉入施蠱毒法者之手，其人自然也就會富裕起來；這也就是為何擁有金蠶者的人，財富會以極為驚人的速度不斷增加。

可是，養金蠶其實是件極辛苦的事情。一說認為飼養金蠶就必須每年殺1個人，若找不到咒殺目標就得殺自家家人，否則養金蠶的本人就會遭金蠶殺害。

而且金蠶幾乎是不死之身，無論用水淹火燒或是刀割，怎麼樣都殺不死。

話雖如此，還是有辦法可以讓飼養者擺脫金蠶。這個方法喚作「嫁金蠶」，是將金蠶連同透過金蠶得到的金銀財寶都放進盒子裡，丟在路旁，要是有誰發現那盒子撿回家，金蠶就會轉移到那戶人家去。取得金蠶的方法也大都是循此法撿拾別人丟棄的金蠶為多。

當然也有些是像普通的蠱毒法那樣先讓各種毒蟲互噬，而最後存活下來的剛剛好就是金蠶。

何謂金蠶蠱？	・殺人斂財的蠱毒法之一。 ・使用的是與蠶酷似的食錦蟲。

金蠶蠱的飼養方法

飼養金蠶必須遵守以下原則。

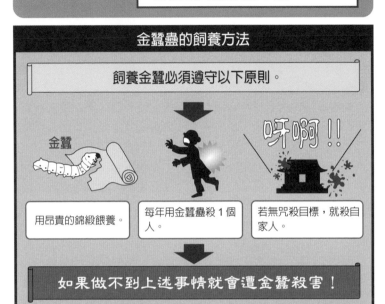

金蠶

呀啊!!

用昂貴的錦緞餵養。	每年用金蠶蠱殺1個人。	若無咒殺目標，就殺自家人。

如果做不到上述事情就會遭金蠶殺害！

如何擺脫金蠶

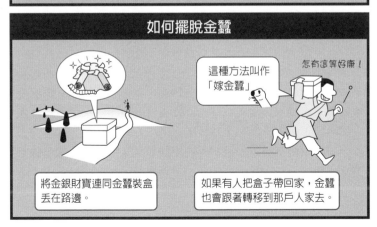

這種方法叫作「嫁金蠶」

怎有這等好康！

將金銀財寶連同金蠶裝盒丟在路邊。	如果有人把盒子帶回家，金蠶也會跟著轉移到那戶人家去。

挑生法

所謂的挑生法是使食物在腹中膨脹、壓迫心肺等臟器，最終使人致死的詛咒法，也是蠱毒法的一種。

●以魚肉或雞肉下蠱毒殺人

蠱毒法當中有種在魚肉或雞肉等食物中灌注怨念恨意藉以咒殺目標人物的法術，名為挑生法。挑生此語似乎有餵人以魚肉，讓食物在腹中成長，用以害人之妖術的意思，也就是說，遭挑生法詛咒者，食物就會在腹中不停膨脹、壓迫到心肺等臟器，最終致死。只要是吃得進肚子裡的東西，無論是瓜果還是茶水等飲料，似乎都能行使挑生法。

根據清代的某則故事記載，遭詛咒者並不只是單純的腹脹而死，死後還會成為施咒者的奴隸，聽任其擺布，光就這點來說幾乎已經跟巫毒教的殭屍沒什麼兩樣。有個說法是當食物仍停留在橫隔膜以上部位時可服用天然的升麻*，食物若抵達腹部則可服用薑黃催吐，將毒物全數吐出就會痊癒。

此外，還有種相當特別的挑生法叫做挑氣法，此法使用的並非食物，而是利用「氣」亦即念力來行使的特殊挑生法。

此法是如何執行的呢？使用挑氣法的魔法師只須前往拜訪目標人物，三言兩語稍作對話，然後藉機朝著對方發出特殊的氣即可。那股氣就會鑽入目標人物腹中不斷膨脹，結果肚皮就會被撐大變薄，據說甚至薄到從體外就可以清清楚楚看見五臟六腑，過不了幾天，那人就會死亡。

正因為挑氣法是如此殘酷的魔法，不是任何人都能學會，唯獨擅使挑氣法的魔法師才能使用這種法術。

* 見P.220頁No.086注釋

挑生法

挑生法	➡	・令食物在腹中膨脹殺人的黑魔法。 ・將人殺死以後還可奴役之。
挑氣法	➡	使用「氣」的一種挑生法。

挑生法的施作程序

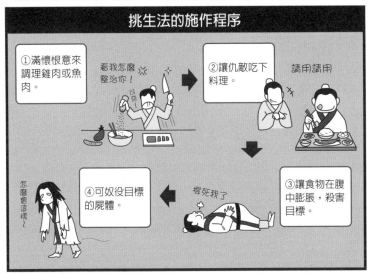

①滿懷恨意來調理雞肉或魚肉

看我怎麼整治你！

可惡

②讓仇敵吃下料理。

請用請用

③讓食物在腹中膨脹，殺害目標。

撐死我了

④可奴役目標的屍體。

怎麼會這樣～

挑氣法的施作程序

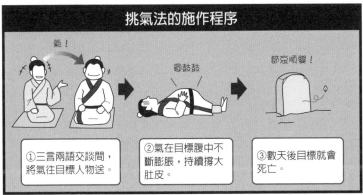

氣！

圓鼓鼓

節哀順變！

①三言兩語交談間，將氣往目標人物送。

②氣在目標腹中不斷膨脹，持續撐大肚皮。

③數天後目標就會死亡。

貓鬼法

貓鬼法屬於蠱毒法的一種，是操縱貓靈咒殺他人，奪其財產的黑魔法。據說貓鬼法在從前隋代蔚為流行，家家戶戶都有飼養貓鬼。

●使用較大動物靈魂的特例蠱毒法

貓鬼法屬於蠱毒法的一種，此法是藉由操縱貓靈咒殺他人、奪其財產。一般蠱毒使用的都是較小的昆蟲，此法卻是使用貓這種相當龐大的動物，相當特異。

欲得貓鬼，須執行相當恐怖的儀式：首先找隻貓將其絞殺，設祭壇供奉食物等供品祭祀七七四十九日，如此便能操縱貓的亡靈，而這靈便是所謂的貓鬼。取得貓鬼以後，便能驅使貓鬼咒殺他人、奪其財產，可是養貓鬼必須每隔12天要在地支屬子（鼠）那日祭祀貓鬼，貓鬼只要每殺1個人，就會將那人的財產運到飼主手上。

另外還有一點必須注意，有說法認為貓鬼與飼主是一心同體。清代作家楊鳳輝《南皋筆記》的「蠱毒記」中有記載這一則故事：某晚有個咒術師走在路上，看見有隻貓鑽進了一戶人家。咒術師知道那貓其實是隻貓鬼，於是立刻以符咒制伏貓鬼，將其關在甕中。隔天就看見養蠱那戶人家全都出動四處找尋那隻貓。咒術師質問之下，對方才托出原來是那家太太養的貓鬼，可咒術師並未將貓鬼歸還，反而還拿熱水倒進甕中燙死貓鬼，恰恰就在那個當下，蠱家的年輕太太也像是遭熱水渾身燙傷，死在床上。

貓鬼法在隋代大為流行，幾乎家家戶戶都有飼養貓鬼，不過後來舉國興起一掃邪道的運動，養貓鬼的人家全都被放逐到邊疆。也可以說正是因為這個緣故，貓鬼案在唐代大幅減少。

貓鬼法

貓鬼法 ➡	以貓靈咒殺他人，奪其財產的一種蠱毒法。
	須進行恐怖的儀式。

取得貓鬼的儀式

①絞殺貓隻。

②將貓擺在祭壇上祭祀七七四十九天，便可得到貓鬼。

③操縱貓鬼殺人奪取財產。

貓鬼與飼養者的特異關聯

貓鬼與飼養者一心同體，即便分隔兩地，
貓鬼受傷，飼養者也會受到同樣的傷害，須得小心。
舉例來說，如果貓鬼遭熱水燙傷，
則飼主也會受到嚴重燙傷。

呀～
好燙吶喵！

貓 鬼

哇！怎麼燙傷了。

飼主

No.088

敗酒之術

從前中國有些以術法要脅市民索討財物，行徑跟黑道如出一轍的妖術師，他們通常用讓酒腐敗或讓烹煮物冷掉的法術。

●惹事端索討財物的黑魔法師

中國有許多非但會使妖術害人，還會藉此要脅尋常市民、索討財物如同黑道般的妖術師。有的是讓酒家釀的酒變質腐壞，有的是讓飯店烹煮的食物冷掉，有的則是搗亂魚塭使收無魚獲，藉此要脅經營者索討贖金。這些魔法雖不像咒殺魔法那麼恐怖，卻仍然會為害一般市民，應屬黑魔法一類。

在這類黑魔法當中選擇敗酒之術來進行介紹，這是則記載於中國南宋時代洪邁所著的志怪小說集《夷堅志》的故事。

湖北襄陽鄧城縣有個妖術師每年都會去各家酒家索討金錢，某年他特地跑到一家頗為興旺的酒家說：「你們生意這麼好，這次要多給點。」索要比平時更多的錢，酒家當然拒絕了這個要求，於是妖術師回客棧以後便派下人去那酒家打1升的酒，將酒放進小壺子裡，添加穢物攪拌，然後帶著這個壺來到山腳下，行使禹步數回並唱誦咒文，將壺埋進地面以後離去。

剛好有名道士撞見這個場景，後來又在偶然間去到那間酒家，發現整個酒家兵荒馬亂、忙成一團。一問之下，原來酒家恰恰是遭到那位妖術師所害，如今整家店的所有酒甕都傳出了糞便的味道。

店家苦無辦法，正準備要去支付妖術師索求的贖金。道士聞言後說道：「沒有這個必要，我用法術助你！」並焚香唱禱咒文，結果不出半日惡臭就散去了。而且那個勒索錢財的妖術師當天腳上就長了腫瘤，漸漸失去行走的能力，數年以後渾身糞尿的死去。

敗酒之術 ➡ 使酒家的酒腐敗藉以勒索錢財的黑魔法。

敗酒之術的施作方法

根據志怪小說集《夷堅志》記載，
使酒家釀酒敗壞的術法是如下施行。

①從酒家購買1升的酒以小壺盛裝，加入穢物攪拌。

左
右

②將壺運到山腳，踩禹步數回唱誦咒文。

③就地掘洞，將掺有穢物的酒壺埋進去。

臭死啦！

④酒家的所有酒藏全都腐敗，散發惡臭。

狐涎之法

狐涎之法是利用狐狸的唾液殺死敵人，而且還能夠在敵人死後任意奴役之的黑魔法。

●運用狐狸唾液的黑魔法

狐涎之法是流行於中國宋代福建、廣東、廣西等東南地區的南法，是種利用狐狸唾液害人的術法。此法跟挑生法類似，非但能殺害仇敵，還能在死後任意操縱奴役對方。

狐涎之法施行如下：首先選個壺口窄小的壺，在裡面放肉片，埋在經常有狐狸出沒的野外；狐狸發現此壺當然想吃，但是又鑽不進壺嘴，自然就會垂涎滴入壺中。等到狐狸唾液完全滲透肉片以後將肉片取出曬成乾肉，再將乾肉磨成粉末混入飲料食物，讓詛咒目標吃下肚，吃下乾肉粉末的人就會喪命，死後就會成爲施咒者的奴隸。

但其實狐涎之法還有另外一種用法，那就是將詛咒目標變成人不像人的模樣，做法非常簡單：首先用相同方法取得狐狸唾液，再將唾液摻入臉盆的水中，讓對方用盆水洗臉；用那水洗過的部分就會變成怪物的模樣。如果說有個人只用那水洗左半邊臉，那就只有左半邊臉會變成怪物，右半邊臉則仍然是原來的長相。

狐涎之法在宋代原本流行於中國的東南地區，後來則傳往西北地區。根據文獻記載，金國大定年間（1161～1187年）陝西地區曾經有妖術師因爲祕密持有裝著狐涎的壺而遭處刑，便可以作爲證據。

除日本以外，中國也有流傳許多狐狸化作人形的傳說，因此我們可以想像中國人肯定是認爲狐狸的唾液也有某種特別的力量，從而才衍生出這樣的魔法。

狐涎之法 ➡ 利用狐狸唾液害人的黑魔法。

邪術南法的一種。

去死吧！　　　　　　　　　　　　　　去工作！

有何特徵？

非但能殺死仇敵，死後還能奴役之。

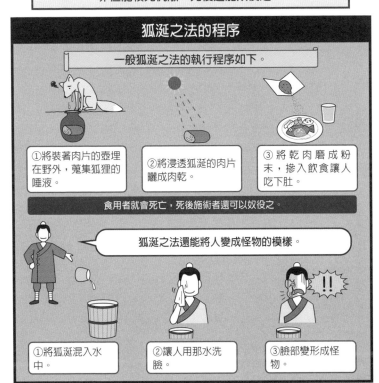

狐涎之法的程序

一般狐涎之法的執行程序如下。

①將裝著肉片的壺埋在野外，蒐集狐狸的唾液。

②將浸透狐涎的肉片曬成肉乾。

③將乾肉磨成粉末，摻入飲食讓人吃下肚。

食用者就會死亡，死後施術者還可以奴役之

狐涎之法還能將人變成怪物的模樣。

①將狐涎混入水中。

②讓人用那水洗臉。

③臉部變形成怪物。

玉女喜神術

玉女喜神術是使剛入眠、半夢半醒間的女性瞬間移動到自己的房間,在神不知鬼不覺的情況下與該女發生性關係,是為達猥褻目的而行使的黑魔法。

●祕密與睡夢中女性交合的姦淫之術

中國有許多能夠神不知鬼不覺與女性交合行猥褻事的黑魔法,玉女喜神術便是其中之一。

南宋作家洪邁編纂的志怪小說集《夷堅志》(丁志卷十八)便記載到一個道士施行玉女喜神術,結果令年輕女子懷孕的故事。

故事中講述到有名住在江蘇茅山附近句容縣的女性未婚懷孕,父母雖然懷疑她偷偷跟男人來往,可是她平時足不出戶,又不見男子來拜訪。追問之下,女孩說出每晚她就寢進入半夢半醒的狀態後,就會有位道士把她帶到某個不知道位於何處的房間。如果只是在那裡一同用餐倒也無妨,但女孩卻答應道士的要求與其同寢,所以才懷了身孕,長期以來一直羞於說出口。

雙親聽女孩說完知道惡道士就在茅山立刻擬了計策,假稱要做法事將附近的道士全部招待來,讓女兒從垂簾後方認人,結果發現某個**道觀**的道士就是犯人,立刻報官捉人。官府調查案情後,得知那道士使用的正是玉女喜神術。這個道士被關押在牢中,幾句咒語就召來黑霧將周遭都籠罩起來,伸手不見五指,黑霧散去以後那道士竟也不知所蹤。

這則故事固然沒有記載到玉女喜神術是如何使用的,卻把它形容得很清楚。玉女喜神術是道教術士所使用的法術,能夠將入睡後半夢半醒間的女性瞬間移動到自己房間,神不知鬼不覺地與女性發生關係。

玉女喜神術 ➡ 祕密對女性行猥褻事的黑魔法。

玉女喜神術的作用原理

根據南宋時代小說集《夷堅志》的故事描述，
玉女喜神術之原理如下。

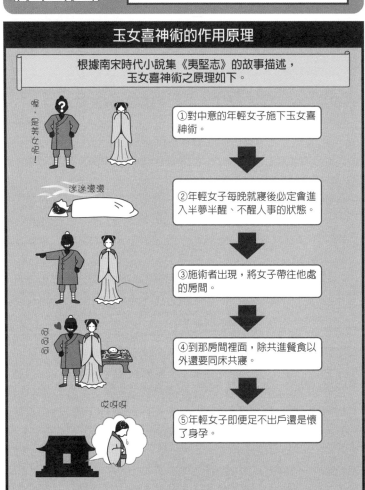

喔，是美女呢！

迷迷濛濛

咿呀呀

①對中意的年輕女子施下玉女喜神術。

②年輕女子每晚就寢後必定會進入半夢半醒、不醒人事的狀態。

③施術者出現，將女子帶往他處的房間。

④到那房間裡面，除共進食食以外還要同床共寢。

⑤年輕女子即便足不出戶還是懷了身孕。

●道觀→出家道士集體起居的道教設施。

中國的植物性春藥

以植物為材料製作的春藥在中國同樣也相同普遍，古文獻便曾經記載有和合草、相憐草、安駝駝等草藥。

●能讓異性愛上自己的和合草、相憐草、安駝駝

中國同樣也有可以無視於對方意志，使異性愛上自己的求愛黑魔法，這類黑魔法使用最多的便是植物製作的春藥。

古文獻曾經記載到許多可供製作春藥的植物，如和合草、相憐草、安駝駝等。

根據清代作家劉崑的見聞記《南中雜說》記載，和合草是雲南地區用的一種春藥，通常都是醜女讓男子服用。無論是何等醜陋的女子，男子服下以後都會看作是絕世美女，從此終生不能相離。

其他文獻也有和合草的相關記載，指出和合草必定是以成雙相對的形狀生長，或說和合草就像曼陀羅根那般，形狀彷彿就像是一對男女糾纏在一起的模樣。

宋代作家周密的《癸辛雜識》則記載到某種名叫相憐草的春藥。這種草據說生長於廣西地區，使用方法頗有別於其他春藥。通常春藥都必須讓對方服下，相憐草卻是截然不同，遇見心儀想要交往的對象，只要取少量相憐草趁對方不注意擲向對方即可，只要那草還黏在對方身上未曾掉落，那人就會按照自己的心意行動。

清代作家曹樹翹的《滇南雜志》則是提到了一種名為安駝駝的植物。這是種據說曾經存在於雲南地區的極強力春藥，不單單是能夠吸引異性這麼簡單而已。當地女性為測試這春藥的效果，會先準備2顆大石頭放在房間角落相距約3公尺處，然後再塗上這藥，據說這2顆大石頭在夜裡就會自然移動，隔天就會發現2顆石頭已經貼在一起。

中國的植物性春藥 ➡ 春藥中最常使用的類別。

著名的中國春藥

中國各種植物性春藥當中，
尤以和合草、相憐草、安駝駝等植物最為著名。

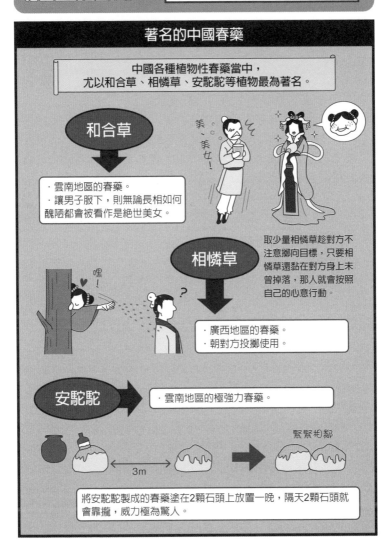

和合草

·雲南地區的春藥。
·讓男子服下，則無論長相如何醜陋都會被看作是絕世美女。

美、美女！

相憐草

嘿！

?

取少量相憐草趁對方不注意擲向目標，只要相憐草還黏在對方身上未曾掉落，那人就會按照自己的心意行動。

·廣西地區的春藥。
·朝對方投擲使用。

安駝駝 ·雲南地區的極強力春藥。

緊緊相鄰

3m

將安駝駝製成的春藥塗在2顆石頭上放置一晚，隔天2顆石頭就會靠攏，威力極為驚人。

中國青樓的性愛魔法

中國明代小說當中描述青樓女子為留住富有的恩客、賺得巨款，不惜使用相當可怕且噁心的性愛魔法。

●讓男人離不開賣春婦的月經血咒術

中國明代作家祝允明編纂的志怪小說集《志怪錄》曾經記載到流傳於中國某個青樓（從前賣春的地方）可以留住恩客的性愛魔法。只要使用這種魔法，便能讓男子離不開某個特定的賣春婦，並奉上大筆金錢。

故事中遭人施此魔法的是位青年。那青年迷上一名女子不能自拔，已經在青樓裡住了一年之久。因為青年很有錢，女子也給予無微不至的招待。

某天女子在青年的午睡時間回到家裡來，仔細一看女子手裡拿著午飯要吃的魚。青年查覺有異，躲在一旁偷看，只見女子拿著那隻魚走進廁所。這下男子覺得更奇怪了，於是便走近一看，赫然發現那女子將魚放進一個小小的容器裡面，又從另一個容器倒入顏色很不尋常的液體，原來那液體就是青樓女子自己的月經血。

青年見狀一驚，同時也猜懂了賣春婦的用意。那女子是要讓青年吃下浸過自己月經血的魚，好讓他想要繼續長時間留宿下來。

然而事情已經被撞破，原本心中的愛戀之情早已煙消雲散，青年立刻憤怒的離開了那名女子。

或許有些讀者會覺得此處描述的魔法很奇怪，不過使用女性月經血的魔法在中國其實並不少見。舉例來說，將浸泡月經血的布埋在家門口，無論是男是女，只要一踏進那門口就完全不會想離開了。

中國青樓的性愛魔法

| 青樓的性愛魔法 | ➡ | 讓常客離不開賣春婦的黑魔法。 |

取浸過賣春婦月經血的魚，讓客人吃下肚。

方法為何？

客人從此離不開賣春婦，奉上大筆錢財。

使用月經血的性愛魔法與類似魔法

除這種使用月經血的性愛魔法以外，
中國還另有各種類似的魔法。

將浸泡月經血的布埋在門口，進去的人就會不想出來。

讓你今天不想回去。

將浸泡月經血的布埋在廁所前，女性就不會產生嫉妒。

看你還會不會嫉妒我。

婦人將頭髮埋在灶前，就可以穩坐家中。

我決定要在這家落腳生根。

陰門陣祕法

所謂的陰門陣祕法是種讓眾多女性朝敵陣裸露陰部，使敵方火砲無法擊發，是種極罕見而奇妙的黑魔法，盛行自明代末期。

●女性裸露下半身使敵方大砲無法擊發

所謂的陰門陣祕法就是讓多名女性一同朝著敵陣裸露陰部，使敵方火砲無力擊發，是種極罕見而奇妙的黑魔法，自明代末期開始盛行。

從前明期末年流寇襲擊河南開封時，城中防禦固若金湯，三次攻城都絲毫不為所動。賊軍見攻不下來，便使出旁門左道奇術對付：賊人綁來數百名女性，讓她們全部裸露下半身倒立，然後大罵敵軍，結果驚人的事情就發生了，城牆上所有大砲竟然沒有一個能夠擊發，此術法謂之「陰門陣」。

不過陰門陣其實有個破解法，開封守將正好知道這個破解法，立刻就召來數百名僧人，讓他們裸體站在城牆上，結果讓賊兵的火砲同樣也無法擊發，此謂「陽門陣」。

若說到比較新的記錄，則是有文獻指出清光緒20年（1894年）也曾經使用過這個魔法。

那時四川省盜賊群起，眼看就要攻到順慶市。提督派出討伐軍，並且從都城之上視察討伐軍與賊軍的戰況。只見數十名全裸的女性被推到了賊軍前線，不停尖叫哭喊，使得討伐軍的大砲全都無法擊發。

這魔法雖然特異，原理卻很簡單。女性的陰部當然屬陰，擁有陰性的力量，這種魔法便是企圖透過大量集結這種力量來壓制火砲這種屬於陽性的力量。

陰門陣祕法

| 陰門陣祕法 | → | 讓女性朝敵陣裸露陰部,使敵方火砲無力擊發的法術。 |

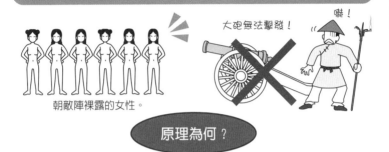

朝敵陣裸露的女性。

大砲無法擊發!

嚇!

原理為何?

大量聚集女性 **陰** 的力量,藉以粉碎大砲 **陽** 的力量

「萬人塚」所記載的陰門陽門對抗戰

清代作家屠芬巖所著志怪小說集《六合內外瑣言》有篇小說名為〈萬人塚〉,有記載陰門與陽門相互對抗的故事。

從前有個名叫汪崙的妖術師在山東齊州煽動民眾掀起叛亂,並率女弟子包圍了清淵城。該城守備隊長荊公立刻下令發射大砲擊殺賊軍,只見賊軍讓那些女弟子放開喉嚨大聲唱咒,荊公驚道:「此陰門陣也。」,趕緊讓城中兵卒剔除陰毛,將陰毛塞進砲管中擊發,果然殺傷了許多賊兵。賊軍又召集許多15歲以下的少年,讓他們裸體射箭入城,這次輪到守備隊死傷慘重。荊公說:「這次是陽門陣嗎?」,又讓許多娼婦上城牆排排站,朝賊軍露出陰部。此雖為陰陽之戰卻並不純粹只是陰陽而已,而是老陰與少陽之戰。最終是由老陰娼婦戰勝了少陽少年,結果賊軍差不多1個月時間便告敗走,叛亂者遭到殲滅。

用語解說
●志怪小說→蒐羅魏晉南北朝時代所有奇怪靈異事件的記錄集。

摩臍過氣之法

所謂的摩臍過氣之法就是讓男女裸身肚臍貼肚臍，名為透過肚臍孔互通精氣，實際卻是以性交為真正目的的猥褻黑魔法。

●以男女性交為目的的邪教祕密儀式

摩臍過氣也稱為摩臍氣，是讓男女裸身摩擦肚臍，使雙方精氣透過肚臍孔相互交流的法術。乍聽之下好像是種等級相當高的魔法，但純粹只是以男女性交為目的的情色魔法。男女裸身摩擦肚臍本來就是性交的體位，無論再怎麼編織藉口，摩臍過氣始終還是以性交為終極目的的邪術。

明代景泰年間（1450～1457年）有個道士遷居至蘇州的尹山，過沒多久眾徒弟就到處宣傳：

「吾師實踐道教呼吸法已十年，有病者與吾師摩臍便可立即痊癒，無病者則可延年益壽。」

待鎮上女性風聞而來，眾徒弟便用毒液去洗她們的眼睛。那毒液是將蠱毒法的毒蟲毒液摻水製成。眾女因毒液而進入周遭光線很刺眼的異常狀態，此時她們就會看到諸多鬼神的形象，從而信以為真誤以為是真正的佛。趁著這個機會，道士便讓眾女性褪去衣衫，裸身相擁並行姦淫之事。

許多女性都是這樣遭到了色道士毒手，卻沒有人舉發說自己遭人姦淫，使得被害者不絕於後。

當時官府雖然有人想要逮捕那個道士，可是就連眾士兵都懼於道士的法術而拒絕出動。最後終於有個不怕死的士兵發動突擊，這才逮捕了道士並其徒眾，將其押送至蘇州首府，在市中心當眾處以死刑。

摩臍過氣之法

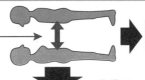

摩臍過氣之法 →
- 男女肚臍貼肚臍、互通精氣。
- 以性交為真正目的的猥褻魔法。

怖畏金剛之祕法

此祕法是要趁不受控制的罪犯尚未犯下重大的罪行前將其咒殺，送往文殊菩薩主宰的淨土，乍看像是白魔法，實則屬於黑魔法。

●與神明合體並以水牛角討敵

怖畏金剛之祕法是西藏密教史上最有名的其中一位咒術師，活躍於11～12世紀間的怪僧多傑扎巴的拿手黑魔法。多傑扎巴自己則是將這奧義稱為「度脫」，此術是趁已經不受控制的罪犯尚未犯下更重大罪行以前，運用怖畏金剛的力量將其咒殺，並且送往由怖畏金剛的本尊文殊菩薩主宰的淨土世界。因此，他並不將這奧義視為咒殺，而是視為造福萬人的慈悲行為。

怖畏金剛是由密教的大威德明王（請參照No.064）發展形成的神明，祂有9頭34臂34足、水牛面水牛角，模樣頗為嚇人。

欲施行怖畏金剛之祕法首先必須修行階及神明的成就法，任何人只要修得此成就法便可以行使怖畏金剛之祕法。集中心神具體觀想怖畏金剛的形象，想像自己與怖畏金剛合為一體，然後想像自己舞動頭頂水牛角打擊敵人的模樣即可。只要如此施作，便足以造成非常恐怖的結果。

有個名叫迪金巴的人夥同他人綁了多傑扎巴的妻子，多傑扎巴相當憤怒，很快就使出了怖畏金剛的祕法。

他進入觀想怖畏金剛的狀態，與神融合，揮動水牛頭角擊向敵人，竟然把迪金巴一行人住的村落擊成了粉末，這些罪犯的身體也全都在轉眼間被送往文殊菩薩所主宰的淨土世界。

怖畏金剛
之祕法

- 怪僧多傑扎巴拿手的黑魔法。
- 尚未犯罪以前便將罪犯送往文殊菩薩的
  淨土世界。

是故，此祕法並非咒殺而是慈
悲的「度脫」行為！

……怪僧多傑扎巴的想法。

怖畏金剛祕之法的實踐方法

據說怖畏金剛之祕法是如下施行。

①行獲得階及神明，
變成怖畏金剛的成就
法。

怖畏金剛是密教的
大威德明王發展形
成的神明，外型相
當恐怖嚇人。

②集中心神具體觀
想怖畏金剛的形象
存在。

③與神合體，想像揮
舞牛角擊碎敵人的場
景。

如此便可將敵人
從這個世界抹
去，瞬間將其送
往文殊菩薩的淨
土世界。

No.096

殭屍黑魔法

這是海地用來處置罪犯的黑魔法，先使其歷經假死狀態再行復甦，變成失去自我意志的奴隸，從事極端嚴苛的工作。

●使死者復甦並奴役之的黑魔法

信奉巫毒教的**海地共和國**相信有種名爲波哥（Bokor）的黑魔法師能將活人變成殭屍，所謂的殭屍便是指復甦的死者。雖然說是復甦，復甦後卻已經並非生前的那個人；殭屍全無自身意志，只能做魔法師的奴隸，完完全全受到控制與操縱。

殭屍的工作大多以農活爲主，卻也經常要從事其他極嚴酷的工作。因此，海地人固然害怕殭屍，但更害怕被人變成殭屍。

關於殭屍的製作方法，投身海地研究殭屍的哈佛大學學者韋德・戴維斯（Wade Davis）的著作《蛇與彩虹——解開殭屍之謎》記載如下：想要製作殭屍，必須用到一種叫做殭屍粉（Zombie Powder）的粉末，混摻食物讓人吃下，或是塗抹傷口使其進入血液。這粉末內含蟾蜍、毒蛇、腰果等各種動植物成分，其中最關鍵的成分當屬河豚毒素（Tetrodotoxin），這種成分能使活人變得跟死人沒有兩樣。

這些所謂的死人埋葬入土以後，波哥再去將屍體挖出來，然後取甘蔗、地瓜、曼陀羅等物混合的飲料餵食，使其復甦。這種飲料能讓人產生某種幻覺，待魔法師替復甦者取了新名字以後，那個人就會進入催眠狀態，變成唯命是從的殭屍。不過戴維斯也寫到波哥會將人變成殭屍，其實是對違反生存共同體規範者的一種刑罰。

殭屍黑魔法

殭屍 ➡ ・指海地傳說中死後復甦的死者。
・黑魔法師波哥所為。

去工作！

殭屍會被當作奴隸課以重度勞動，所以海地人固然害怕殭屍，卻更加害怕被人變成殭屍。

殭屍的製作方法

學者韋德・戴維斯表示殭屍的製作方法如下。

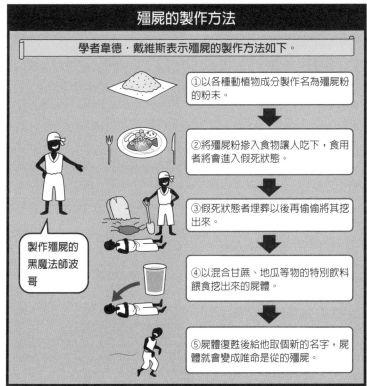

①以各種動植物成分製作名為殭屍粉的粉末。

②將殭屍粉摻入食物讓人吃下，食用者將會進入假死狀態。

③假死狀態者埋葬以後再偷偷將其挖出來。

製作殭屍的黑魔法師波哥

④以混合甘蔗、地瓜等物的特別飲料餵食挖出來的屍體。

⑤屍體復甦後給他取個新的名字，屍體就會變成唯命是從的殭屍。

用語解說

●海地共和國（Haiti）→位於中美洲西印度群島伊斯帕尼奧拉島的共和國。

峇里島的黑魔法師雷雅克

峇里島的黑魔法師雷雅克聽命於女巫讓特，她們能使靈魂出竅，還能變身成猴子或豬等動物，抑或棺木汽車等物體，做盡各種壞事。

●峇里島民極為畏懼的黑魔法師雷雅克

印尼峇里島相信世間有種名叫雷雅克的黑魔法師，故此為文介紹。

雷雅克是峇里島傳說中的女巫，也就是黑魔法師，同時也是黑魔法師女王——女巫讓特的爪牙。每個村子都有幾個雷雅克，她們能使靈魂出竅，還能變身成猴子、豬等動物或棺木汽車等物體，做盡各種壞事。至於做甚麼壞事範圍極廣，舉凡家人有誰骨折或傷口化膿，甚至家畜死亡，都要歸咎於這種黑魔法師。除帶來各種疾病以外，雷雅克還會用毒。

雷雅克都在深夜活動，經常出沒於墓地、河岸或海邊等地，替死亡女神多爾加召開恐怖的晚宴；晚宴中會將內臟掛吊在樹頭，下方以大鍋子盛接滴下的血，好將人類的鮮血奉獻給死亡女神，而樹根則四處散落著死人骨頭與頭骨。

據說半夜雷雅克聚集的情況看起來跟日本的鬼火相當類似。夜半時分山腰附近會有光線成列行進，時而移動、時而停佇、時而漂蕩；有時突然消失，有時又突然再度亮起。

一般相信雷雅克有階級之分，等級最高的便是女巫讓特。女巫讓特是最終極的黑魔法師，恐怖到甚至經常被視同於死亡女神多爾加。時至夜半，女巫讓特也會跟雷雅克一起出動，挖墓曝屍來吃，或散播疫病造成饑饉，為人間帶來各種不幸。

峇里島的黑魔法師雷雅克

雷雅克 ➡ ・峇里島傳說中的女巫、黑魔法師。

雷雅克有何特徵？
⬇
女巫雷雅克

女巫讓特是終極的黑魔法師，雷雅克則為其爪牙。

女巫讓特

每個村子都有數名雷雅克，做盡各種壞事。

夜半祭典中，女巫雷雅克會將內臟吊在樹頭，以大鍋盛接熬煮獻給死亡女神多爾加。

女巫雷雅克的夜半集會就如同鬼火成列移動。

阿贊德人的復仇咒藥

復仇咒藥是分布於南蘇丹與中非共和國等地的阿贊德族使用的咒物，是種以正義之名咒殺犯人的恐怖咒藥。

●以正義之名行復仇之實的黑魔法

復仇咒藥是分布於南蘇丹與中非共和國等地的阿贊德族使用的一種咒物。

阿贊德人相信人死後可能會變成妖術師或邪術師的犧牲品，因此要使用復仇咒藥將犯人處以死，貫徹正義。若是有物品被盜，同樣也可以使用復仇咒藥。受害者趕忙搭起茅草小屋，或是在小屋地底埋下咒藥，抑或是將咒藥吊在小屋當中，然後朝著咒藥唱誦咒殺犯人的咒語。

「不幸降臨汝身！天打雷劈，奪汝性命！使汝喪於蛇咬、亡於疾病！汝再活也沒多久了！世間各種苦痛加諸汝身！咒汝出獵時落入陷阱，被同伴當成獵物誤殺！」

至於使用的是何種咒藥，就不得而知了。阿贊德人的咒術完全是以個人為單位行使，會盡量避免讓人知道自己使用的是何種咒藥。

要特別注意的是，這種復仇咒藥必須是為了正義而行使，絕對不可以惡意對清白的人使用，否則復仇咒藥就會反噬，毀滅施術者。

因為咒藥會自動去找尋罪人，所以當罪人並不存在，咒藥找不到目標時就會反彈，反而會殺死送出復仇咒藥的那個人。所以行使復仇咒藥之前必須請占卜師占算確認死者是否成了邪惡的妖術師或邪術師犧牲品。又如果與犯人談定了賠償條件，就要趁咒藥尚未傷人以前儘早將其破壞。

復仇咒藥 ➡ 將犯人處死的阿贊德族咒殺術。

復仇咒藥的使用方法

據說阿贊德人行使復仇咒藥魔法如下，
使用的咒藥配方是個人祕密，故無從得知。

好

①施法前先請占卜師占算能否使用復仇咒藥。

②搭建小屋，將復仇咒藥埋藏或吊掛於其中。

不幸降臨汝身~

③唱誦咒殺犯人的咒語。

嚙！ 怎麼回事！

④咒藥會去找尋犯人，發現後將其咒殺。

不會吧！ 嚙嚙！

⑤假如沒有邪惡的犯人而使用復仇咒藥，咒藥就會反噬殺死施咒者。

阿贊德人的邪惡咒藥

阿贊德人所謂的「邪惡咒藥」是種無論怎麼看都覺得除邪惡目的以外，別無其他用途的黑魔法咒物，光是持有便足以構成重罪。

●以邪惡咒藥殺人的黑魔法

分布於南蘇丹與中非共和國等地的阿贊德族出於惡意，想使人致病甚至想殺死對方時，會使用某種藉「邪惡咒藥」施行的黑魔法。

這個咒藥有相當多種類，除殺人的咒藥以外，還有能使法律手續失效的咒藥、破壞他人家庭關係的咒藥等。總而言之，這種咒藥可以說是除邪惡目的以外，別無其他用途的東西，光是持有便足以構成重罪。

其中最恐怖就是曼桀雷，使用方法如下：阿贊德人相信曼桀雷是種唯獨黑魔法師才知道的植物萃取物，也有人說曼桀雷是將某種植物磨成粉末狀製成。

不論如何製作，只要在滿月之夜去到詛咒對象的居住地，在他家入口、占地中央以及通往那裡的道路到處撒下咒藥，撒藥時必須清楚地說出對方的名字、唱誦咒文。如此一來，咒藥就只會在指定名字的那個人路過這些地方時發動攻擊，回家以後就會死亡，死狀彷彿就像是被人掐死似的。如果成功打倒敵人，黑魔法師還要在犧牲者死後數日內穿著**頻婆草裙**，否則黑魔法師就會生病。

相反的，如果懷疑遭人施以邪惡咒藥詛咒，就要前往道路交叉處跪地挖洞，朝洞裡面說：「我體內的曼桀雷啊，我已經幫你挖了個洞。如果你真的是曼桀雷的話，不管去哪都好請你離開吧。請你踏遍我打從小時候走過的所有道路，然後再殺我。如果不行的話，就請不要殺我吧」，據說如此便可倖免。

阿贊德人的邪惡咒藥

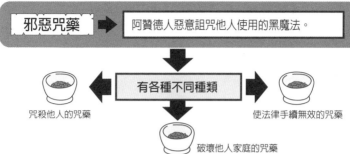

邪惡咒藥　➡　阿贊德人惡意詛咒他人使用的黑魔法。

⬇

有各種不同種類

咒殺他人的咒藥　　使法律手續無效的咒藥

破壞他人家庭的咒藥

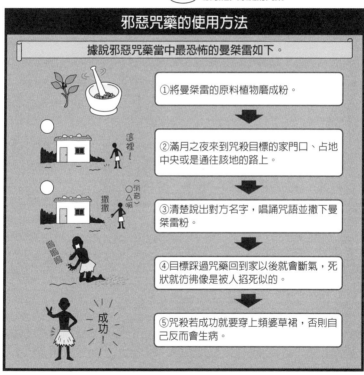

邪惡咒藥的使用方法

據說邪惡咒藥當中最恐怖的曼桀雷如下。

①將曼桀雷的原料植物磨成粉。

②滿月之夜來到咒殺目標的家門口、占地中央或是通往該地的路上。

③清楚說出對方名字，唱誦咒語並撒下曼桀雷粉。

④目標踩過咒藥回到家以後就會斷氣，死狀就彷彿像是被人招死似的。

⑤咒殺若成功就要穿上頻婆草裙，否則自己反而會生病。

這裡！

撒撒

嗚嗚嗚

成功！

用語解說

●頻婆草裙→阿贊德人服喪時都要穿這種草裙，所以穿著時也不會立刻被懷疑是行使了黑魔法。

馬來半島的戀愛魔法

使出馬來半島的戀愛魔法，即使是冰山美人也能無論日夜、隨心所欲的喚其前來。

●擄獲冰山美人靈魂的黑魔法

馬來半島流傳著一種魔法，無論對方是何等的冰山美人，都可以擄獲其靈魂、聽任自己擺布。

趁著月亮剛爬上東方的天空還帶著點赤紅，出到戶外沐浴於月光之下，右腳姆趾踩著左腳姆趾，右手作喇叭狀唱誦以下咒語：「我一放箭則月陰日傾，星星也要黯淡。但我射的既非日月亦非星星，而是村裡那女孩的靈魂。那人的靈魂啊，來吧。跟我一起走，跟我一起坐，跟我同枕共眠吧。可愛女孩的靈魂吶！」如此重複三次並以右手吹哨，心儀的對象就會出現來到眼前。

另外，還有種用頭巾捕捉對方靈魂的方法。

滿月之夜與隔夜連續兩晚走到戶外，面朝月亮坐在蟻塚上、焚香唱禱以下咒語：

「蔞葉拿去沾石灰讓那人嚼。那人無論日出日落都要愛我入骨，愛我更甚於父母、更甚於家庭。無論雷鳴風吹雨打鳥啼，都要想著我。就連月亮也會看起來如同我的模樣。靈魂吶，到我這裡來吧。我的靈魂雖不屬於你，你的靈魂卻屬於我。」

言畢，手持頭巾朝月亮揮舞七次，然後回家把頭巾墊在枕頭底下睡。白天還要焚香禱唸道：「我枕頭裡面的並非頭巾，而是那人的靈魂。」如此心儀的對象很快就會奔向自己。

馬來半島的戀愛魔法

| 馬來半島的戀愛魔法 | ➡ | 擄獲對方靈魂或愛情的黑魔法。 |

戀愛魔法的施行方法

馬來半島流傳有種能擄獲心儀對象的戀愛魔法，
施行如下。

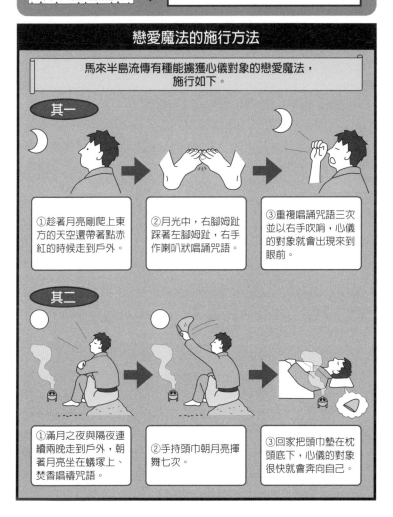

其一

①趁著月亮剛爬上東方的天空還帶著點赤紅的時候走到戶外。

②月光中，右腳姆趾踩著左腳姆趾，右手作喇叭狀唱誦咒語。

③重複唱誦咒語三次並以右手吹哨，心儀的對象就會出現來到眼前。

其二

①滿月之夜與隔夜連續兩晚走到戶外，朝著月亮坐在蟻塚上、焚香唱禱咒語。

②手持頭巾朝月亮揮舞七次。

③回家把頭巾墊在枕頭底下，心儀的對象很快就會奔向自己。

用語解說

●蔓葉→咀嚼會有味道、類似嚼煙的某種嗜好品。

No.101

巫毒娃娃

現今以許願人偶搏得廣大人氣的巫毒娃娃其實並非來自海地,而是紐奧良所孕育出來的人偶魔法。

●視願望選用不同顏色大頭針的人偶魔法

巫毒娃娃是美國一種比較新的人偶魔法。因名為巫毒娃娃,常被認為是來自於巫毒教發源地海地的魔法,實則不然。這種魔法是美國路易西安那州紐奧良的產物。據說這種魔法是受到來自海地的巫毒教影響,才演變成今日的形態。

巫毒娃娃是種至今仍然相當風行且不斷發展發達的魔法,人偶的製作方法與施行方法也往往會因魔法師而異,不過紐奧良似乎多是使用2根長短不一的木棍製作,也就是將這2根木棍架成十字形狀,然後用麻繩纏繞作成人偶的形狀。人偶上面纏布當作衣服,同時還要做出詛咒對象的長相特徵,例如對方若是蓄鬍,就要替人偶做鬍子。除此以外,還可以在人偶裡面放置對方的相片或寫著名字的紙張,其他像是毛髮或指甲等也可以。

人偶製作完畢以後,就要拿大頭針來刺。巫毒娃娃的最大特徵便在於大頭針,須視施術目的選用不同顏色的大頭針:權力相關使用紅色、金錢相關使用黃色、精神相關使用綠色、愛情相關用藍色、靈性相關用紫色、苦痛與復仇相關用黑色、積極性相關用白色、生死之事用粉紅色。

將針刺入人偶時,須在腦海中具體想像詛咒的內容。舉例來說,如果要讓對方痛苦就要唸叨「痛苦吧、痛苦吧!」,然後將黑色大頭針刺進自己想要折磨的身體部位,因為替人消除痛苦時同樣也是使用黑色的大頭針,所以態度必須明確。

214

巫毒娃娃

巫毒娃娃 ➡️ 誕生於紐奧良的新人偶魔法。

視目的選用不同顏色的大頭針。

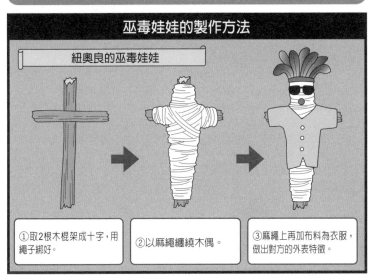

巫毒娃娃的製作方法

紐奧良的巫毒娃娃

①取2根木棍架成十字，用繩子綁好。

②以麻繩纏繞木偶。

③麻繩上再加布料為衣服，做出對方的外表特徵。

大頭針的顏色與目的

巫毒娃娃根據目的不同，用來刺擊娃娃的大頭針顏色也會隨之改變

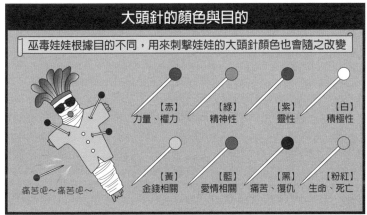

痛苦吧～痛苦吧～

【赤】力量、權力

【綠】精神性

【紫】靈性

【白】積極性

【黃】金錢相關

【藍】愛情相關

【黑】痛苦、復仇

【粉紅】生命、死亡

為何直至今日人們仍然相信魔法？

　　非常遺憾，現代是科學的時代，早已經不是魔法（咒術）的時代。無論各位讀者再怎麼喜歡魔法，相信也沒人能夠徹頭徹尾地相信魔法吧。

　　可是在科學時代尚未來臨的數千年期間，幾乎所有人類都相信魔法，這究竟是為什麼呢？為什麼從前的人們那麼相信魔法呢？

　　答案很簡單，因為在科學時代尚未來臨以前，人們只能利用魔法的原理來說明這個世界所發生的事情。此處所謂的魔法原理，也就是本書開頭曾提及的「共感法則」。

　　在這種人們試圖以魔法詮釋說明世界的現象，在相信魔法的的情況下，魔法是否能夠造成實際的效果早已經不是那麼重要，因為就算魔法師失敗了，也可以自圓其說。

　　舉例來說，假設有個人生病前來求助於魔法師。診斷過病人以後，魔法師就會舉行治病的儀式、唱誦咒文。從前的魔法師也擁有相當豐富的藥草知識，許多病往往因此痊癒；如果痊癒就可以說是魔法生效，不過就算病沒好也不會有問題，藉口多得是。好比「儀式步驟搞錯了」、「患者來訪的時間不利治病」、「你的病我治不好，我再介紹更偉大的魔法師給你」，就跟現代某些奇怪又可疑的新興宗教的教祖大人所謂「病沒好是因為你的信心不夠，你再捐個100萬元」的說辭其實沒什麼兩樣。

　　再加上患者也對魔法深信不疑，往往就會認同魔法師的說法，絕對不會認為魔法是騙人的伎倆。

　　這種深信不疑是何等地強烈、何等恐怖，只要看看鍊金術師的例子便可以一目瞭然。

　　歐洲從中世到近世有無數的鍊金術師試圖製作賢者之石、變銅鐵為金，他們做過無數次的實驗，經歷過無數次的失敗，失敗的理由大多是就在快要成功的時候燒壺壞了、爐火滅了之類的。即便將幾乎全部的人生花費在鍊金術的研究，即便經歷過無數次的失敗，那些鍊金術師從來都不曾認為鍊金術是不可能的事。

　　或許身處現代的讀者會難以置信，但相信魔法其實就是這麼一回事。

注釋附錄

No.010

* 韋塔島（Wetar）：印尼馬魯古省的島嶼，位於小巽他群島以東，是西南群島最大的島嶼。居民大多信奉伊斯蘭教，少部分信奉基督教。

No.015

* 密教：全名爲祕密大乘佛教，是大乘佛教的一個支派。因這一系教派，有許多不公開的修行方式，再加上充滿神祕的特徵，又被稱爲密教。歷史上密教流傳地域十分廣泛，目前在日本和西藏最爲興盛。

No.020

*1 輪旋曲（Rondo）：器樂曲式。其特徵是由一個特定的旋律或樂段作爲開頭和週期性的反覆，在每次反覆之間插入對比的素材加以分隔。

*2 布羅肯山（Brocken）：哈次山脈的最高點。在德國韋爾尼格羅德（Wernigerode）西南13公里處，海拔1142公尺。過去每年4月30日在此舉行傳統儀式，歌德的《浮士德》描述過這座山峰。

*3 伊利法斯・利未（Eliphas Levi）：19世紀的魔法師。他大膽運用既有的神祕學和在聖尼古拉神學校接觸到的催眠術，統合兩者後重新詮釋；他還構想出半物質半心靈狀態的媒介──星氣光（Astral Light），藉以說明靈異現象。代表作有《高等魔法之之教理與祭儀》、《魔法的歷史》（A History of Magic）、《大神祕之鑰》（The Key of Great Mysteries）。

No.023

* 塞薩利（Thessaly）：或譯色薩利。希臘大區，位於希臘中部偏北，下轄四州：卡爾季察州、拉里薩州、馬格尼西亞州、特里卡拉州。歷經鄂圖曼帝國統治達4個半世紀以後，於1881年成爲現代希臘的一部分。

No.043

* 莓葉委陵菜（Potentilla fragarioides）：薔薇科委陵菜屬植物，分布於朝鮮、蒙古、俄羅斯、西伯利亞、日本以及中國大陸各地。常生於草地、灌叢、溝邊、地邊及疏林下，目前尚未由人工引種栽培。

No.044

* 奧克尼群島（Orkney Islands）：常簡稱為奧克尼，英國蘇格蘭東北部群島。

No.045

* 拉普蘭（Lapland）：北歐一地區，大部份位於北極圈內，從挪威、瑞典、芬蘭北部延伸至俄羅斯的科拉半島。西接挪威海，北臨巴倫支海，東瀕白海。拉普蘭得名於薩米人（Sami，或稱拉普人Lapp），這個民族散居此地已數千年。拉普蘭跨越數國邊界，不存在任何行政實體。

No.046

* 埃伯哈德髯鬚王（Eberhard im Bart）：即埃伯哈德一世（Eberhard I），初代符騰堡公爵。升格公爵之前則稱符騰堡伯爵埃伯哈伯德五世（Eberhard V）。

No.049

* 聖別：原指基督教為某些神聖用途，會藉由儀式來潔淨人或物，以與普通世俗的用途區別。

No.050

* 加斯科涅（Gascogne）：位於法國西南部，今阿基坦大區及南部庇里牛斯大區。以出產雅文邑白蘭地而聞名。

No.052

*1 盧坎（Marcus Annaeus Lucanus，西元39～65年）：羅馬詩人。最出名的著作是史詩《法沙利亞》（*Pharsalia*），描述凱撒與龐培之間的內戰。這部史詩雖是未完成的作品，卻被譽為僅次於維吉爾（Vergil）《埃涅阿斯》（*Aeneid*）的偉大拉丁史詩。

*2 泊瑟芬（Persephone）：泊瑟芬是希臘神話中的冥界女王，是宙斯與狄蜜特的女兒。原本為穀物女神，但因為被黑帝茲擄走，成為黑帝茲的妻子，順理成章變成了冥界的女王。

*3 赫卡蒂（Hecate）：希臘神話中掌管魔法（尤其黑魔法）、地下世界（冥界）和月亮的女神。希臘人將赫卡蒂描繪成一位三面三身的女性：三張臉象徵她的力量可及於天上、地上、地下三個世界，同時也象徵著月亮新月、半月、滿月三種面貌，以及時間的過去、現在、未來三種狀態。

*4 赫密斯（Hermes）：希臘神話中眾神的傳令神兼商業之神，同時也是旅行者的守護神。除此之外，赫密斯還是一位盜賊、賭博、說謊神明。有時候

宙斯也會要他幫忙死者帶路，引領至黑帝茲。

*5 加龍（Charon）：或譯作卡隆、喀戎。他是位穿著污穢襤褸的老人，脾氣
暴躁，表情嚴肅不苟言笑。他爲亡者擺渡時，會要求一元金幣（orobos）作
爲酬勞。因此希臘人喪葬時，習慣在亡者口中放置一枚金幣，以免因無法
進入冥界過不了河而淪爲孤魂野鬼。

No.054

* 塔夫塔綢（Taffeta）：或譯「塔夫綢」。是種以平紋組織製作的熟織高檔絲
織品，織品密度大，是綢類織品中最緊密的一個品種。綢面細潔光滑、平
挺美觀光澤好，織品緊密、手感硬挺，但折皺後易產生永久性折痕，因此
不宜折疊和重壓，常用卷筒式包裝。

No.056

* 五德：3隻腳的圓形臺架。立於火堆灰爐之中，用來放置鐵壺或鍋子。

No.057

*1 大和錦：相對於自中國傳入的唐錦，是織有日本傳統紋樣的錦布。

*2 半紙：指日本傳統紙張的半張尺寸，長24cm×寬34cm。

*3 典故出自日本神話中天照大神從天石屋戶後露面，使黑暗的世界重獲光明
的神話。

No.060

* 藏人所：簡單來說就是負責處理天皇周身所有事務的職役。

No.061

*1 卯花（Deutziacrenata）：即齒葉溲疏，爲虎耳草科溲疏屬下的一個種。

*2 胡枝子（Lespedeza bicolor）：蝶形花科下的一個屬，爲多年生草本至灌木
植物。該屬共有約90種以上，分布於亞洲、澳洲與北美。

No.069

* 陽炎：地面上的水蒸氣。

No.070

*¹ 鹽膚木（Rhus chinensis）：通稱五倍子樹，爲漆樹科鹽膚木屬植物。落葉小喬木或灌木，分布於印度、印尼、馬來西亞、日本、朝鮮、中南半島以及中國東北、新疆、內蒙古等地區。

*² 八咫烏（Yatagarasu）：日本神話裡神武天皇東征之際，高御產巢日神派來替神武天皇帶路、從熊野國前往大和國的三隻腳的烏鴉，不過神話裡並未明確記載八咫烏有三隻腳。

No.072

*¹ 乳木：指樹汁乳液較多的桑樹等生木。

*² 蘇合香（Storesin, Oriental Sweetgum）：金縷梅科喬木植物蘇合香樹的樹脂，漢方指其有開竅醒神、辟穢止痛的效果。

No.073

* 御幣：將撕裂的麻布或折疊好的紙夾在細長形木棒上製成的祭具，常用來驅逐惡靈。

No.086

* 升麻：毛茛科植物中草藥。別名龍眼根、周麻、窟窿牙根。有解毒、鎮痛、消炎、降低血壓、解痙、抗驚厥的功效。

中英日名詞對照索引

七劃

參考文獻

黒魔術　リチャード・キャヴェンディッシュ 著／梅正行 訳　河出書房新社

大アルベルトゥスの秘法　アルベルトゥス・マグヌス 著／立木鷹志 編訳　河出書房新社

黒魔術のアメリカ　アーサー・ライアンズ 著／広瀬美樹ほか 訳　徳間書店

高等魔術の教理と祭儀　教理篇　エリファス・レヴィ 著／生田耕作 訳　人文書院

高等魔術の教理と祭儀　祭儀篇　エリファス・レヴィ 著／生田耕作 訳　人文書院

魔術　実践編　デイヴィッド・コンウェイ 著／阿部秀典 訳　中央アート出版社

魔術　理論編　デイヴィッド・コンウェイ 著／阿部秀典 訳　中央アート出版社

悪魔学大全　ロッセル・ホープ・ロビンズ 著／松田和也 訳　青土社

魔女と魔術の事典　ローズマリ・エレン・グィリー 著／荒木正純、松田英 監訳　原書房

魔女とキリスト教　ヨーロッパ学再考　上山安敏 著　講談社

狼憑きと魔女　ジャン・ド・ニノー 著／富樫瓔子 訳　工作舎

ドイツ民衆本の世界3　ファウスト博士　松浦純 訳　国書刊行会

妖術師・秘術師・錬金術師の博物館　グリヨ・ド・ジヴリ 著／林瑞枝 訳　法政大学出版局

オカルトの事典　フレッド・ゲティングズ 著／松田幸雄 訳　青土社

金枝篇1〜5　フレイザー 著／永橋卓介 訳　岩波書店

魔術の歴史　エリファス・レヴィ 著／鈴木啓司 訳　人文書院

魔術　理論と実践　アレイスター・クロウリー 著／島弘之、植松靖夫、江口之隆 訳　国書刊行会

魔術の歴史　J.B.ラッセル 著／野村美紀子 訳　筑摩書房

魔術の歴史　リチャード・キャヴェンディッシュ 著／梅正行 訳　河出書房新社

世界で最も危険な書物—グリモワールの歴史　オーウェン・デイビーズ 著／宇佐和通 訳　柏書房

黄金伝説2　ヤコブス・デ・ウォラギネ 著／前田敬作、山口裕 訳　平凡社

黄金のろば上巻、下巻　アプレイウス 作／呉茂一 訳　岩波書店

ヴードゥー教の世界　立野淳也 著　吉夏社

媚薬の博物誌　立木鷹志 著　青弓社

スラヴ吸血鬼伝説考　栗原成郎 箸　河出書房新社

人狼変身譚　西欧の民話と文学から　篠田知和基 箸　大修館書店

ジャスミンの魔女　南フランスの女性と呪術　E.ル=ロワ=ラデュリ 著／杉山光信 訳　新評論

ファウスト伝説　悪魔と魔法の西洋文化史　溝井裕一 箸　文理閣

ムーンチャイルド　アレイスター・クロウリー 著／江口之隆 訳　東京創元社

吸血鬼伝説　ジャン・マリニー 著／中村健一 訳　創元社

図説　日本呪術全書　豊島泰国 著　原書房

呪法全書　不二龍彦 著　学研パブリッシング

呪い方、教えます。　宮島鏡 著／鬼頭玲 監修　作品社

図説　憑物呪法全書　豊嶋泰國 著　原書房

図説　神佛祈祷の道具　豊嶋泰國ほか 著　原書房

道教の本　学習研究社

呪術の本　学習研究社

密教の本　学習研究社

修験道の本　学習研究社

陰陽道の本　学習研究社

陰陽道　呪術と鬼神の世界　鈴木一馨 著　講談社

呪術探究　巻の1（死の呪法）　呪術探究編集部 編　原書房

火の山（上・中・下）　海音寺潮五郎 著　六興出版

南国太平記［Kindle版］　直木三十五 著

妖術使いの物語　佐藤至子 著　国書刊行会

中国の呪術　松本浩一 著　大修館書店

呪いの都平安京　繁田信一 著　吉川弘文館
修訂中国の呪法　沢田瑞穂 著　平河出版社
アザンデ人の世界　E.E.エヴァンズ＝プリチャード 著／向井元子 訳　みすず書房
禁厭・祈祷・太占　神道秘密集伝　宮永雄太郎 著／大宮司朗 編　八幡書房
性と呪殺の密教　怪僧ドルジェタクの闇と光　正木晃 著　講談社

Grimorium Verum　Joseph H.Peterson 編訳　CreateSpace Publishing
THE HAMMER of WITCHES　Christopher S.Mackay 訳　Canbridge University Press
Magic in the Middle Ages　Richard Kieckhefer 著　Canbridge University Press
THE COMPLETE BOOK OF SPELLS,CURSES,AND MAGICAL RECIPES　Dr.Leonard
R.N.Ashley 著　Skyhorse Publishing
Greek and Roman NECROMANCY　Daniel Ogden 著　Princeton University Press
The BOOK OF BLACK MAGIC　Arthur Edward Waite 著　WEISER BOOKS
The Key of Solomon the King(Clavicula Salomonis)　S.Liddell MacGregor Mathers 訳
WEISER BOOKS
AN ENCYCLOPEDIA OF OCCULTISM　Lewis Spence 著　Dover Publications
Pharsalia; Dramatic Episodes of the Civil Wars [Kindle版]　Lucan 著
WITCHCRAFT AND BLACK MAGIC　Montague Summers 著　Dover Publications
Curse Tablets and Binding Spells from the Ancient World　John G.Gager 著　Oxford
University Press
FORBIDDEN RITES - A NECROMANCERS MANUAL of the FIFTEENTH CENTURY
Richard Kieckhefer 著　The Pennsylvania State University Press
The Satyricon — Complete [Kindle版]　Petronius Arbiter 著
THE VOODOO DOLL SPELLBOOK - A Compendium of Ancient & Contemporary Spells
& Rituals Vol.1　Denise Alvarado 著　CreateSpace Independent Publishing Platform

奇幻基地書籍目錄

http://www.ffoundation.com.tw/

F-Maps

書　號	書　　　名	作　　　者	定價
1HP001	圖解鍊金術	草野巧	300
1HP002	圖解近身武器	大波篤司	280
1HP004	圖解魔法知識	羽仁	300
1HP005	圖解克蘇魯神話	森瀬繚	320
1HP007	圖解陰陽師	高平鳴海	320
1HP008	圖解北歐神話	池上良太	330
1HP009	圖解天國與地獄	草野巧	330
1HP010	圖解火神與火精靈	山北篤	330
1HP011	圖解魔導書	草野巧	330
1HP012	圖解惡魔學	草野巧	330
1HP013	圖解水神與水精靈	山北篤	330
1HP014	圖解日本神話	山北篤	330
1HP015	圖解黑魔法	草野巧	350

聖典

書　號	書　　　名	作　　　者	定價
1HR009X	武器屋（全新封面）	Truth in Fantasy 編輯部	420
1HR014X	武器事典（全新封面）	市川定春	420
1HR026C	惡魔事典（精裝典藏版）	山北篤等	480
1HR028C	怪物大全（精裝）	健部伸明	特價 999
1HR031	幻獸事典（精裝）	草野巧	特價 499
1HR032	圖解稱霸世界的戰術——歷史上的 17 個天才戰術分析	中里融司	320
1HR033C	地獄事典（精裝）	草野巧	420
1HR034C	幻想地名事典（精裝）	山北篤	750
1HR035C	城堡事典（精裝）	池上正太	399
1HR036C	三國志戰役事典（精裝）	藤井勝彥	420
1HR037C	歐洲中世紀武術大全（精裝）	長田龍太	750
1HR038C	戰士事典（精裝）	市川定春、怪兵隊	420

城邦文化奇幻基地出版社

Fantasy Foundation Publications
http://www.ffoundation.com.tw

TEL：02-25007008 FAX：02-25027676

國家圖書館出版品預行編目資料

圖解黑魔法 / 草野 巧著；王書銘譯. -- 初版. -- 臺北
市：奇幻基地出版：家庭傳媒城邦分公司發行；民
104.01
面： 公分. -- （F-Maps：015）
譯自：図解黒魔術
ISBN 978-986-5880-87-3（平裝）
1. 巫術

295 103025021

F-Maps 015

圖解黑魔法

原 著 書 名 / 図解黒魔術
作　　　者 / 草野 巧　　　　　　企劃選書人 / 楊秀眞
譯　　　者 / 王書銘　　　　　　責 任 編 輯 / 陳珉萱

版權行政暨數位業務專員 / 陳玉鈴
資深版權專員 / 許儀盈
行 銷 企 劃 / 陳姿億
行銷業務經理 / 李振東
總　 編　 輯 / 王雪莉
發　 行　 人 / 何飛鵬
法 律 顧 問 / 元禾法律事務所 王子文律師
出　　　版 / 奇幻基地出版
　　　　　　城邦文化事業股份有限公司
　　　　　　台北市104民生東路2段141號8樓
　　　　　　電話：(02)25007008　　傳眞：(02)25027676
　　　　　　網址：www.ffoundation.com.tw
　　　　　　e-mail：ffoundation@cite.com.tw
發　　　行 / 英屬蓋曼群島商家庭傳媒股份有限公司城邦分公司
　　　　　　聯絡地址：台北市104民生東路2段141號11樓
　　　　　　書虫客服服務專線：02-25007718；25007719
　　　　　　24小時傳眞專線：02-25001990；25001991
　　　　　　服務時間：週一至週五上午09:30-12:00；下午13:30-17:00
　　　　　　劃撥帳號：19863813；戶名：書虫股份有限公司
　　　　　　讀者服務信箱：service@readingclub.com.tw
　　　　　　歡迎光臨城邦讀書花園 網址：www.cite.com.tw
香港發行所 / 城邦（香港）出版集團有限公司
　　　　　　香港灣仔駱克道 193 號東超商業中心 1 樓
　　　　　　電話：(852) 2508-6231　　傳眞：(852) 2578-9337
　　　　　　e-mail：hkcite@biznetvigator.com
馬新發行所 / 城邦（馬新）出版集團 Cite (M) Sdn Bhd
　　　　　　41, Jalan Radin Anum, Bandar Baru Seri Petaling, 57000 Kuala Lumpur, Malaysia.
　　　　　　電話：603-90578822　　傳眞：603-90576622
　　　　　　email：cite@cite.com.my

封 面 設 計 / 黃聖文
排　　　版 / 浩瀚電腦排版股份有限公司
印　　　刷 / 高典印刷有限公司

■2015年（民104）1月6日初版　　　　　　Printed in Taiwan.
■2022年（民111）6月2日初版5.5刷

售價 / 350元

書號：1HP015　　　書名：圖解黑魔法

奇幻戰隊 好讀有禮 集點贈獎活動

活動期間，購買奇幻基地作品，剪下封底折口的點數券，集到一定數量，寄回本公司，即可依點數多寡兌換獎品。

點數兌換獎品說明：

5點 奇幻戰隊好書袋一個

10點 2012年布蘭登·山德森來台紀念T恤一件
有S&M兩種尺寸，偏大，由奇幻基地自行判斷出貨

15點 【蕭青陽獨家設計】典藏限量精繡帆布書袋
紅線或銀灰線繡於書袋上，顏色隨機出貨

兌換辦法：

2014年2月～2015年1月奇幻基地出版之作品中，剪下回函卡頁上之點數，集滿規定之點數，貼在右邊集點處，即可寄回兌換贈品。
【活動日期】：即日起至2015年1月31日
【兌換日期】：即日起至2015年3月31日（郵戳為憑）

其他說明：

＊請以正楷寫明收件人真實姓名、地址、電話與email，以便聯繫。若因字跡潦草，導致無法聯繫，視同棄權
＊兌換之贈品數量有限，若贈送完畢，將不另行通知，直接以其他等值商品代之
＊本活動限臺澎金馬地區讀者

【集點處】

1	6	11
2	7	12
3	8	13
4	9	14
5	10	15

（點數與回函卡皆影印無效）

為提供訂購、行銷、客戶管理或其他合於營業登記項目或章程所定業務之目的，英屬蓋曼群島商家庭傳媒(股)公司城邦分公司，於本集團之營運期間及地區內，將以電郵、傳真、電話、簡訊、郵寄或其他公告方式利用您提供之資料（資料類別：C001、C002、C003、C011等）。利用對象除本集團外，亦可能包括相關服務的協力機構。如您有依個資法第三條或其他需服務之處，得致電本公司客服中心電話(02)25007718請求協助。相關資料如為非必要項目，不提供亦不影響您的權益。

個人資料：

姓名：＿＿＿＿＿＿＿＿＿＿＿＿＿＿＿＿＿＿＿＿＿＿＿ 性別：□男 □女

地址：＿＿＿＿＿＿＿＿＿＿＿＿＿＿＿＿＿＿＿＿＿＿＿＿＿＿＿＿＿＿＿

電話：＿＿＿＿＿＿＿＿＿＿＿ email：＿＿＿＿＿＿＿＿＿＿＿＿＿＿＿

想對奇幻基地說的話：＿＿＿＿＿＿＿＿＿＿＿＿＿＿＿＿＿＿＿＿＿＿＿＿

＿＿＿＿＿＿＿＿＿＿＿＿＿＿＿＿＿＿＿＿＿＿＿＿＿＿＿＿＿＿＿＿＿＿＿